はっぱがきらきらしているよ

―こどもの「生きにくさ」とは―

山名萌絵
Yamana Moe

風詠社

こどもたちが描いた絵
ー夏の樹とセミー

「絵かるた　カブトムシ（すばるくんの好きな虫）」

「りゅうちゃんの“ひと”の絵」
ーはじめてかいた！　かけたでー

「だんごむし　かいたで」

『はっぱが きらきらしているよ』発刊に寄せて

こどもの「生きにくさ」に抗して、年端もいかないこどもたちが親の暴力に苛まれる事件が新聞、ＴＶにしばしば登場します。

そのたびに、保育士山名萌絵さんの苦悩の顔が思い浮かびます。こどもの「生きにくさ」を訴え続けている山名さんの顔です。

山名さんは、長年勤めた公立の保育所に飽き足りず、創設されたばかりの企業保育園の園長として転出し、自由な保育を求めてあれこれと試みます。が、やがて意欲的だった若い保育士たちの相次ぐ離職に直面します。給与をはじめ待遇面が原因です。保育士の補充も思うにまかせません。

その後、山名さんは園長を辞して「子ども本位」の保育所を求め、日本全国へ旅に出ます。先進的な保育と聞けば、そこを訪ねました。これらの報告記録が本書です。

保育は、ひとりの人間の力ではどうにもなりません。しかし、行政としての在り方は見えてきます。誠実なひとりの保育士としての行動は、正解は導けなくても、含蓄に富んでいるのではないでしょうか。

大阪文学学校講師　音谷　健郎

はじめに

こどもの「生きにくさ」がどこから来るのか、長年保育現場で働く中で気になりながらもわからないまま過ごしてきた。

仕事を辞める日があと一ヵ月と近づいてくる頃、その「生きにくさ」の正体を知りたいという思いが強くなり、現場から離れたところで「こども」を眺めてみたら何か見えてこないだろうかと、考え出していた。

なんでこんなにこの子らは生きにくいのか…この大阪に生まれて、まだ数年しか生きてないのに、イライラし、尖ってしまい、荒れてしまう。どうして自分で笑いながら心を壊してしまうのか…。

ここ数年、いや七、八年になろうか、保育現場で出会うこどもたちから、そんな風に「生きにくさ」が見え、ますますひどくなっていっていると実感し始めたのは。

かつては、こどもの投げるサインをいたずらやこどもらしさとして捉え、笑って受け止めてきた。保育するのは充実し、楽しいものだった。それが今では…こどもを取り巻く社会を見ていても悲惨な出来事や内容が増え、こどもの心が空虚にバウンドし、方向を見失っている様子が見えてくる。

二〇一八年四月…、私は知人から知り得た情報や保育関係の本を読んで、行ってみたいところに連絡を入れ、大阪から飛び出すかのようにして出かけていった。

こどものそばにいながら、その「生きにくさ」がどこから来るのか見えてこない。そんな息苦しさで、行き詰まりながらこどもと過ごすのにほとほと嫌気がさしていた。ここから飛び出したら何か見えてくるかもしれない…。そんな思いが無意識のうちに心を動かした。今まで全力でこどもと向き合ってきたのに、一向に良くなっていかない現実に辟易していたのも事実だ。自分の熱量から離れたところなら答えが見つかるだろうかと逡巡する。

取材で出かけた各地の保育の現場では、今まで出会ってこなかった、あるいは忘れかけていた、様々なこどもとの暮らしがあり、そのこどもたちの様子が眩しかった。エネルギーに満ち溢れる保育現場が羨ましかった。しかし、自分の探っているこどもの「生きにくさ」の正体は、その時点ではまだぼんやりとし、なぜこどもにまとわりつくのかわからなかった。

四月の取材の終わりに福島にたどり着いた時、そこで見た「こどもを取り巻く場所」の空虚さに、「生きにくさはここにもある」と、原発事故後の爪痕を前にして実感した。「大阪の生きにくさと福島の生きにくさは、どこかで共通するものがある」と同乗の「青空保育たけの子」の代表者である辺見さんに伝えると、震災後に大阪からボランティアで来ていた若い男性教員も同じことを言っていたと教えてくれた。同じ感覚を持つ人がいることに、私は勇気付けられた。

それから山形の米沢にある避難所に向かう。そこで出会った福島の人たちの様子が、印象深く心に残る。滞在時間は数十分しかなかったが、福島の人の優しさに触れることができた。原発事故・東日本大震災からもうすぐ八年が過ぎようとしているが、七年目を迎えた当時、政府の心無い発言に不安を抱えながら、「福島は、国に見捨てられている」と語る言葉が響いた。世間の渇いた風が吹く中で、米沢で目にした真っ赤な頬の笑顔弾けるこどもたちから、自然の中で生きることの大切さが心に染みてきた。

六月、名古屋経由で塩尻に向かう特急しなの号に乗っている時のこと。電車の車窓から見える景色を眺めながら、私は翌日から開催される「エデュカーレ全国読者交流会」に参加する、そのことを考えていた。五月に、山梨県八ヶ岳の南山麓にある「ぐうたら村」まで汐見稔幸さんに会えると聞き、出かけていった。大阪出身の保育学者でぐうたら村の村長でもある汐見さんは「大阪は大変になっている。こどもの置かれている状況は悲惨になるばかり」という、口下手な私の言葉をキャッチして、その深刻さを慮り、初対面でありながらも真摯に、「六月に清里で行われる読者交流会に来るといい」と言われた。「その場での話は、きっと参考になるよ」汐見さんは柔らかな目をして清里においでと笑い、誘ってくださった。

一体、こどもの「生きにくさ」について、明日の交流会に参加すればどんなことが見えてくるというのだろうか…。漠然とそのことを考えている時に、スマートフォンが立て続けに振動する。ふと思考を止め、画面を見るとネットのヤフーニュースのテロップが映し出された。

「目黒虐待死事件― 結愛ちゃんが残したもの」とある。

画面に目を移した私は、ぼんやりとした頭で「また虐待死事件が起きたん…」と憂鬱な気持ちになり、スマートフォンを持ち直して無造作にニュースアプリを開いた。

そこには、三月二日に虐待を受けて死亡した船戸結愛ちゃんの事件性について書かれてあり、残された結愛ちゃんの手記が表示されていた。

「もうパパとママにいわれなくても　しっかりとじぶんから　きょうよりもっともっと　あしたはできるようにするから　もうおねがい　ゆるして　ゆるしてください　おねがいします　ほんとうに　もう　おなじことはしません　ゆるして　きのうぜんぜんできなかったこと　これまでまいにち　やってきたことを　なおします」

どういうこと…と、頭の中で衝撃が走る。五歳の女の子の残した言葉が、ドスンと心に落ちてくる。これまで出会ってきた保育現場での「生きにくさ」を表すこどもたちの姿と、画面に映し出された結愛ちゃんの笑顔がオーバーラップした。「生きにくさ」と虐待は表裏一体だ。結愛ちゃんの残したひらがなの言葉が画面に残り響いてきた。「きょうよりもっとあしたはかならずできるようにするから」という希望を、結愛ちゃんはどんな状況で願い続けてきたのだろう。虐待を受け、痩せ細る結愛ちゃんがその中で、明日を信じて生き抜いていこうとしていた事実が迫ってきた。

力尽きてしまった小さな命が、私に語り続けるものは何なのか、結愛ちゃんが思っていた心の内側を知って、こどもの「生きにくさ」について、まだ自分の頭の中でぼんやりしていることに焦燥した。私たち保育者の仕事では、虐待に遭遇するこどもの小さなシグナルを見つけ保護者と関わっていくケースは、子育て支援として増えてきている。毎日の保育生活で、様々な葛藤を抱えるこどもたちと必死で関わってきたことが、浮かび上がってきた。こどもの「生きにくさ」はどこから来るのか、より一層知りたいと思うように導かれていく。大阪だけの問題ではないと、結愛ちゃんの出来事は物語っていた。手記を眼の前にして、明日から始まる「交流会」に臨む気持ちが定まってきた。

翌日、富士山の見える八ヶ岳の南山麓に立ち、山々の稜線をパノラマにして遠くを見渡すと、その自然のスケールの大きさに圧倒された。清里にある清泉寮は、かつて荒涼とした土地を勇敢に開拓した清里に住む人たちの、開拓精神の証の場所だ。

そこで、大阪から来た荘保共子さん（「こどもの里」代表）と出会う。大阪弁で気さくに話す荘保さんの口から、「生きにくさ」の中で懸命に生きる、大阪市の釜ヶ崎のこどもたちの姿が飛び出してきた。どんな状況に置かれていても、どんなに悲惨な現実であっても…と話を聞いていると、荘保さんはこどもとの毎日の生活のことを、映画の場面を説明しながら訥々（とつとつ）と、時に楽しそうに、時に愛おしそうに語る。その子の命と全身で向き合い、当たり前のようにして暮らしてきたことを一つ一つ紡ぐようにして。私の中に、今まで出会ってきたこどもたちの表情が浮かんできた。曇り空に見える一筋の光のように荘保さんの言葉が胸を刺す。

「こどもの命をど真ん中におくねん」

大阪にいて大阪を見失っていた私に、荘保さんの言葉は、心震わすこどもの事実を伴って張り付いてきた。こどもの命をど真ん中に…それは眩しくて芯から温かい、偽りのない言葉だった。

※本文中に登場する人物の名称は、一部仮名とさせていただきました。

装画　山名萌絵

目次

第一章

はるくんのこと

だんごむし　かいたで

一　出会い

今から五年前、二〇一四年の四月のこと。四歳児の石川はるくんはお母さんと一つ上のお姉ちゃんの春海ちゃんと一緒に、大阪市内で開園した企業が運営する株式会社立の保育園にやって来た。同じ区内にある公立保育所からの転入だった。

開園したての保育園は、私がこれまで二十五年間働いていた公立保育所とはまるで違っていた。外観は白壁で瀟洒（しょうしゃ）な趣を示し、玄関を一歩入ると、靴箱で囲まれた間口のだだっ広い明るい空間が出迎える。その先の扉を開けたら天井の高いエントランスホールに視界が広がり、木目調の色彩で覆われた空間の真ん中に、二階へ上がる幅の広い階段があった。途中の踊り場は、窓から陽射しが漏れ二階へと続いていく。吹き抜けの天井の明かり窓からは青空が見えた。園舎全体がその木目調のトーンで統一され、ランプ調のＬＥＤで照らされる園舎内は、今までいた公立保育園の無味乾燥とした色彩とは違っていた。これから開園する株式会社立保育園の意気込みがそこに込められている。今どきのハイセンスさが強調され、中に入るだけで「うわあっー」と気持ちが沸き立つような園舎だった。今から新しい保育が始まっていく。その気概が建物だけではなく、三月から準備をしてきた職員の中にも漲(みなぎ)っていた。株式会社立保育園――、私がそう呼ぶようになったのは、もっと後からのことだが。

当時、橋下徹市長のもとで大阪市でも保育行政の民営化が急ピッチで進められ、それまで法人格でないと参入できなかった大阪市認可保育園に、株式会社であっても条件が満たされれば参入が許されることになった。すでに東京や神奈川では、株式会社が運営する保育園は拡大の一途にあった。その渦中で、大阪でも株式会社の保育行政への参入が始まったと言えた。その理由としては、市内での乳児枠の待機児童解消が挙げられ、必要性の高い地域に開園することを条件とし、株式会社の参入が行われていった。それから堰を切ったようにして、株式会社立保育園は大阪市を筆頭に、関西一円に増えていった。

私はそれまで働いてきた公立保育所を、二十五年という区切りで退職し、株式会社立保育園の園長として働くことを決めた。就任予定の四月を前に、三月から、いよいよスタッフが集まって開園の具体的な準備を進めていくことになった。開園入園式は四月一日。入園してくるこどもの数は〇歳児から五歳児までを合わせて約七十人。九十名定員の中規模認可保育園が開園した。

はるくんと春海ちゃんは、入園式を休んだ。初めて保育園に来たのは、慣らし保育中の一週目を過ぎたあたりだった。

「せんせい、おはよっ。おはようございます」甲高い春海ちゃんの大きな声とは対照的に「おはようございます」と無機質な小声で挨拶し、はるくんは、宙を見ながら春海ちゃんの後ろについていた。

お母さんが帰ってしまうと、はるくんは一変し、一気にエネルギーを吐き出すように奇声を発して動き回った。ウロウロと落ち着かない様子で。二階の渡り廊下の白いフェンスが視界に入ると、ふと立ち止まってフェンスを愛おしそうに見つめ指先でそっと触り、そのまま首を斜めに傾げ出してぐるぐる回った。そばについていたフリーの女性保育者はハラハラしながら行動を見守っていたが、はるくんが停止した途端にホッとして顔を上げ、その先にある私の視線を見つけた。その保育者は思わず笑顔になり近づいてきて、それまでのはるくんの行動を嬉しそうに話し出した。はるくんは、その会話を旋律のように聴き、目を細めながらフェンスに夢中になってぐるぐる回っていた。
フェンスの凹凸に当たるはるくんの手指に目が止まる。「一定のリズムが心地ええのね、きっと…」と呟くと、「はるくん、ここに来ると動きが変わったんです。さっきまで園から飛び出さないかとヒヤヒヤしてたけど、なんか気持ち良さそうやわ」と言い、目を細めた。一定の速度で動いていたはるくんは、もう一度、不意に立ち止まると吹き抜けの光の射すほうに首を傾げて、見上げていく。ぎゅっと目を細めて光る具合を眺め始めた。はるくんの顔に吸い寄せられる。「何が面白いのやろねえ…」と、二人ではるくんの目の先を覗くようにして見てみた。はるくんはうっすらと笑って、後ろに保育者がいることを確かめながらクラスに戻っていく。これがはるくんとの出会いだった。

四月の新園では、お互い顔を合わせるのが初めての職員もいて右往左往し、ごった返していた。それに、色々な人が園にやって来る。会社役員に始まり、報道関係の人や、市役所からの視察訪問もあり、それだけ、対外的にも株式会社立保育園の行政参入は注目されているのだと実感した。区の家庭児童相談員と子育て相談の担当コーディネーターが、三月のうちに早々とやって来た。私と主任は入園児の生育の様子や説明を事細かに受けた。こどもたちそれぞれの配慮しなければならない点……その中に石川姉弟のこともあり、特に二人については念入りな説明を受け、ネグレクト（育児放棄という虐待）であると知らされた。相談員の言葉に緊張する。

民間の保育園であっても、保護対象のこどもや配慮の必要な子が、大阪市内にはこんなにもいるのか…というのが、一番初めに感じたことだった。

公立並みの受け入れ児童の様子に、私のノートはびっしりと埋まった。どの子の様子もこれまで保育現場で出会ってきた想定内のこどもの姿であり、先入観なしでこどもたちと出会っていこうと心に刻んだ。しかし、主任は違った。こどもの課題を前に「こんなにたくさん手のかかる子を、新園やとわかって入れてくるなんて」と、区役所の職員に食ってかかった。納得がいかない様子の中には、障がい児保育への不安もあるようだった。初めて出会うはるくんや他の子の生育歴にびっくりしていて、時にはこどもたちの不遇さに涙を流して戸惑いを感じていたが、それは民間園で働いてきた保育者の当たり前の感覚とも言えた。

この株式会社立保育園の開園時に入職した保育者たちは皆、それぞれにキャリアを積んでいた。幼稚園、認可保育所、無認可保育園…といった具合に、ここに来る前に勤めていた園の形態が違い、それまでの経験をもとに保育を考えていて、出会ったスタッフ同士で交流しながら園の運営に主体的に取り組んでいた。公立保育所で長きにわたって保育に携わってきた私は、それまで恵まれた環境にいたのだと実感する。休日も給与も誰よりも良い。だが保育内容はというと、そうではなかった。転勤者の多い公立保育所では、なかなか保育の積み上げが難しく、特に食育や保育内容の積み上げに関しては貧困そのものと言えた。自分の努力でできる範疇ではやりこなしていたが、その頃はこどもとクッキングもできないし、散歩にもたくさんの規制が増えていき、遠足もだんだん行けなくなりつつあった。こどもが一番喜びそうなことに規制がかかっていく現実。「こんな状態で、本当にこどもが育つのか」と疑問を持ちながら、悪化していく状況に疲弊していた。あと少しで定年を迎えるが、それまで持っていた保育に対する夢すら持てず、やりこなせるのか…と考えていただけに、ここに来て職員から様々な意見が出されると、どれもやってみたい、いや、みんながやりたいと思うことができる保育園にしていきたいと考えた。舵取りが園長の仕事だと、職員に自分の考えを話していった。

自由な発想を持つ若い幼稚園出身の保育者や、一生懸命こどもたちに向き合って仕事を進める二十代後半の職員たちが、しっかり自分の意見を言ってくるのが新鮮だった。乳児クラスは新入児ばかりでてんやわんやしているが、幼児クラスは配慮の要るこどもをたくさん抱えながらの少人数…。そこでは柔軟な発想で面白いことを考えて対応し、こどもたちも楽しんでいた。給食室は食育や給食メニューにも意欲的で、それぞれが園全体を刺激しながら進んでいった。

当時、石川姉弟二人を連れて登園してきたお母さんは、初対面でも臆せずニコニコとしていたが、つかみどころのない人だった。保育園にまるで来ないし、電話をかけても通じない。他のお母さんたちは、新園舎が気に入っていそいそとやって来るが、はるくんのお母さんは、そういうわけにはいかなかった。休むのか遅れて来るのか…曖昧模糊としていて、ごった返している園の中で、つい忘れられる存在だった。ゆっくり構えていると担任が業を煮やして事務所にやって来る。

「昨日来るって約束したのに、春海ちゃんもはるくんも来ないのですが、どうしましょ、給食人数は…」

時計に目をやった。

「ほんまやなあ、もう十時回ったね」

担任に促されて電話をかけるが、着信音が鳴り響いても一向に出る気配がない。首を横に振り、受話器を置きかけたら、甲高いお母さんの声が聞こえてきた。

「うわあー、ごめんなさい。保育園の先生ですよねえ。もう行きます。今から家を出るところです。ほんっと、ごめんなさい」

担任も苦笑いしながら「人数、そのままでいけそうですね」と言って、戻っていった。

その日は、開園して初めての月末書類を前に、朝から事務机にへばりついていた。

後方の窓から自転車の急ブレーキの音が聞こえ、慌ただしく玄関チャイムが鳴る。

「遅くなりましたあ、石川ですう」

お母さんの大きな声が返ってきた。

「はーい、待ってたよ」

待ち人来たりと、私は書類から逃げるようにして玄関に向かい出迎えた。

「スンマセン、遅れちゃいましたあ。もう、どうして、こうなるんやろお。今度からはちゃんと来ますから」

お母さんはこどもたちの荷物を持ってすまなさそうに、バタバタと入ってきた。春海ちゃんもはるくんも、息を弾ませてご機嫌だ。

「せんせえー、おっはようございますう。もう、おそくなって、ごめんなさーい。おかあさーん、はやく、はやく、おへやにいこうよおー」

春海ちゃんはお母さんから荷物をもらって急いで走っていったが、はるくんはカバンを剥ぎ取った後、床に置きっ放しにして座り込んでいる。

「はるくん、おはよう。靴は、うん、そう、そこ持って…ゆっくり落ち着いて履いてね」

そう言って、うまく履けないでいるはるくんに屈んで話しかけると、はるくんは私のほうに顔を近づけ、匂うようにして目を向けてきた。それから自分の持っている上靴に目を落とすと、足を入れて履き始めた。

「園長先生は、やっさしいからあ~、はる、甘えちゃってえ。ほらあ、はるう、荷物持つよ」

それまで苛立ってはるくんを見ていたお母さんのトーンもガラッと変わる。上靴が履けると、すでにいなくなった姉の後を追うようにして、はるくんはふらふらと二階へ上がっていった。

こんな日は、石川さんは余計に自虐的な振る舞いをした。出会う職員みんなに「すいません、ほんっとに。遅れてすいません」と顎を前に突き出しペコペコ謝っていくが、それは逆効果だった。

「はあ、ほんまにですわ。お母さん、もっと早く来れないんですか。ちょっと頑張りましょうねえ」

若い担任は反感を露わにして言い返していた。

二　石川家族に見える陰り

五月、六月と日が経つにつれて、事務処理もようやく落ち着いてくると、電話が繋がった時の石川さんの変化にも気が付くようになった。日によってはろれつが回っていなかったり、声のトーンが低く沈黙が続き、応答的なやりとりすらできなかったりもした。

　その頃保育園では、春海ちゃんは目をくるくる輝かせて笑い、友だちの中でも人気者だった。「ほいくえん、たっのしいー」と言いながら自分のペースに巻き込んでいき、見たことのないおもちゃを見つけては感動し、丁寧な所作で持ち物を扱った。慣れてくると職員室にやって来て、春海ちゃんは楽しくおしゃべりをした。はるくんも表情が柔らかくなり、フリーの保育者に懐き、抱っこされに行ったりもした。だが、石川姉弟の登園が増えてくると、厄介なことも起きてきた。

　朝の登園時間に遅れることがあっても、それまで石川さんは降園時間には必ず迎えに来ていたが、六月中旬頃になると、ちょくちょく遅れ出し、十六時のお迎えが十七時近くになる時もあった。

　就労していない保護者の登降園時間は、朝の九時、夕方の十六時と決まっており、石川さんは就労せず家にいたので、遅くなる理由に「仕事で遅くなる」というのはなかった。

　ついに電話が全く通じなくなり、いくら待ってもなしのつぶてでお迎えに来ない日が来た。あと少しで十八時半になるというのに、もう二時間近く、お母さんと連絡がつかない。他の対応や作業に追われながらも、気になって電話をかけるが通じず、待てども一向にやって来ないし、電話もかかってこない。もしかして置き去りか…と不安になりながら待ち続けた。あと数分すると職員も遅番対応の二人と私の三人となる。居残りの保育者たちは、同じように不安で連絡が来ないことを心配した。

お母さんだけでは埒が明かず、何度か遠慮がちに鳴らしていたお父さんの携帯電話にかけ、今度は繋がるまで諦めずにしぶとく続けると、ようやくお父さんの声がした。

「もしもし…」

「石川さんですか。保育園ですが、お母さんのお迎えがなくて…まだ、春海ちゃんもはるくんも園でお預かりしているんですが…」

「えっ、まだ仕事中で…、迎えに行けそうにないです」

不満げに話すお父さん。

「お母さんがお迎えに来られなくて、連絡もつかず、保育園も困っているんです。お父さんが来られないなら、子育て相談センターに預かっていただくことになるのですが…」

「う〜ん、仕方ないな。迎えに行くまでここからだと車で一時間はかかります」

「保育園の閉まる時間は七時半なんです…なんとか、それまでに来れそうですか」

「……」

しばらく沈黙が続き、その次の言葉を待ち続けて受話器を握りしめていた。

「はあ……まあ……」

ようやっとの声がした。

「できるだけ、早くお迎えに来てあげてくださいね」

そう念押しをして電話を切った。

「春海ちゃん、連絡つきましたか」

中川先生も、二階の部屋から心配そうに降りてきた。

「お父さんに連絡がついたから、お迎えに来るよ。それより、こどもたちはどう、大丈夫そう」

私の返事を聞いて、ほっとしたようだ。

「遅いなあって気にはしてるけど。春海ちゃん『ほいくえん　たっのしいー』って言って、バタバタしててもまだ遊んでます。はるくんが落ち着かなくなってちょっと大変やけど…。今から上に上がってあの子たちに伝えてきます。よかったあ。私当番やから、もしお迎えの連絡つかなかったら子相（子育て相談センターの略）連絡かと、不安でいっぱいでした。うん、それからついでに延長の部屋まで移動しよっと。あの子たち連れて降りてきますね」

そう言うと、また二階に上がっていった。

保育園の終わる十九時半ギリギリに迎えに来たお父さんは、目つきの鋭い、体格のいい大きな声の持ち主で、どっしりとした存在感のある人だった。

「遅くなって申し訳ないです。嫁さんとはこちらも連絡がつかないんですわ。どっか行っとるんかなあ。とにかく、すみませんでした、迷惑かけて。連れて帰ります」

そう言い残して、喜ぶ春海ちゃんとはるくんを連れて帰って行った。


次の日、春海ちゃんたちは休んだ。心配してお母さんの携帯に電話をかけるが繋がらない。しぶとく受話器を離さないで粘ると、「はい、石川です」と小さな声でお母さんが電話に出た。「昨日はどうしたん」と聞くと、しばらく沈黙が続いてから、「すみません…、寝ていて起きれなかったんです」と蚊が鳴くような声で答えたかと思うと、急転直下、「あははっ　ほんっとに私って、先生、ダメ母ね」と自虐的になって、いつもの調子でやり過ごそうとした。

何かがあったのかと直感的な不安が押し寄せ、「辛いことでもあったの」と突っ込むと、「ああ、もう…ほんっとに、ダメっす、私。はい、ごめんなさい。迷惑かけちゃいましたあ」と、石川さんは自分の本心から私を遠ざけるようにして話を終わらせようとした。「また、話したくなったら教えてね」と、腑に落ちないまま私は受話器を置いた。

軽率な石川さんの発言の向こうにお母さんの本心があり、私自身、まだ肝心なことに出会っていないと思った。お母さんの不自然さはどこから来るのかと、ぼんやりした輪郭を追っていく。

春海ちゃんは慣れてくると、担任を探して職員室にもやって来た。そのついでに事務所の椅子に座り込み、のんびり職員との会話を楽しんでいく。もっぱら、その話題の中心にはお母さんとお父さんの夫婦喧嘩のことがあり、「お父さん怒るから、お母さんがかわいそう」とお母さんのことを心配そうに話していた。「なんでお母さんがかわいそうなん」と突っ込んで聞くと、「えっとねえ…」とトーンダウンし、口を塞いでしまう春海ちゃんだった。

そんな石川家族の話をきっかけに、職員間では別の波紋が広がってきていた。中川先生と主任は、お迎えに遅れる保護者に対して注意喚起をしてほしいと言う。

「石川さんだけじゃなく、お迎えの時間を過ぎるお母さんたちが、結構いるんです。保育園の登降時間の指導をしていただかないと困ります。園長先生、ビシッと言ってくださいよ」

当然の要求であるが、「お母さん、時間に遅れないように来てね」と常套文句で注意してみても、私は心のどこかで引っかかるものがあった。遅れて来る保護者の多くは、一人親であったり、何らかの事情を抱えていた。言葉では、「時間に遅れないでね」と言いながらも、園長としての立ち位置が見えず常に揺れていた。

三　芽生えたこどもの力

はるくんは、園では机にこそ登らなかったが集団行動を理解するのが難しく、保育者が困ってしまうことも多々あった。しかし、日増しにフリー保育者の膝の上なら座っていられるようになると、はるくん自身が安定してきて、みんなと過ごす時間も増えてきた。

当時、担任は、三十歳になったばかりの中川先生と四十代後半の桐山先生だった。中川先生は以前は私立の幼稚園で働いていて、結婚を機に退職をし、しばらく家事をして過ごしてきたが、新しくできた株式会社立保育園で心機一転、保育の仕事なら共働きができるのではと、会社に面接に来たのだという。桐山先生は、開園前の三月末までは、区も違い、経営も違う民間の保育園で働いていたそうで、新規開園したばかりのその園では、三年の間に入所児童が一気に増え、二〇一三年度には一歳児クラスで二十四名のこどもを四名の職員で保育するまでの規模に拡大したと聞く。その頃、一歳児は保育士一人に対して六人のこどもを見るという国の配置基準で、大阪市内でも保育をするようになっていた。桐山先生は、この配置基準ではゆったりとこどもと向き合うことは難しくなるのかなと考え、少人数保育を謳(うた)う株式会社立保育園なら期待ができると転職してきたそうだ。

「どうして園長先生は、恵まれた公立保育所を辞めたんですか。こんな処遇の悪い株式の保育園に来なくても、お給料のいい公立保育所を辞めずにいたら良かったんじゃないですか。入りたくても入れないところやのに」

主任はそう言って、仕事の合間に素朴な疑問を聞いてきた。けれど、私が保育のことを話しても、なぜ辞めたのかは理解できないようだった。「お給料も良くて、きちんと保証されているのに、もったいない」と言い、しつけを大事にする主任は、自分の持論をしっかり職員間に伝えて回った。私は意見の食い違う主任のやり方に押され気味になり、職員間の信頼関係を作るのにもますます厳しいものを感じながら、日々の業務に追われていった。

こどもと共感し生活を豊かに過ごすことは、長年の私の夢だった。二十五年間、公立保育所でやろうと思っても納得のいくようにはできてこなかったことを、園長となったからには実現したい。こども主体の保育を進めることのみが、私の中では一等大切なことだった。園に来る子の半数近くが「生きにくさ」を抱えて保育園にやって来る。その子たちの背景丸ごと受け止めていこうとする私の保育観と、しつけを大事に厳しく律する主任の保育観は噛み合わない。けれど、受容することに慣れていた私は、表面的に折り合いをつけてやり過ごそうとした。企業といえども、会社は「生きる力」育てを方針に謳っている…それを逆手に取って、できるだけ保育現場に入りながら、一番しんどいところでこどもを支える保育者や栄養士たちのフォローを丁寧に行っていった。

幼児組は開園当時、三、四、五歳児を合わせて二十名の合同クラスで出発した。集団生活を進めるには、こどもの人数を確保するため、幼児組一括りにしてクラスを持つほうがいいと、四月から異年齢合同で進めてきたが、春も過ぎ夏に入りかけた時、主担の中川先生は「やはり年齢差があるから、三、四、五歳児合同保育でずっと一緒は難しい」と相談に来た。

その意見に桐山先生も同感だと言う。二人の意見を受け、石川姉弟のこともあり、より少数人に分けて保育するほうがいいのかもしれないと、それまでの方針を変えることにした。三歳児十三名を中川先生が、四、五歳児七名を桐山先生が担当し、保護者にもクラス分けの説明を行って変更することを知らせた。

桐山先生は、四、五歳児クラスの担当になってから、七名のこどもたちと過ごすことをとても楽しみ、はじめははるくんの対応にも戸惑っていたが、楽しいという気持ちはすぐにこどもたちにも伝わり、保育の力が発揮されるとこどもたちは自分の考えや力を伸ばし始めた。

ゆったりした雰囲気の中で、春海ちゃんもはるくんも自分たちの思いを発散しながら七人、いや桐山先生と八人の生活を楽しんで過ごしていた。他の子も穏やかな優しい気持ちを持ち合わせていて、活動を通して色々な生活経験を積み重ねていく。中川先生はじめ、若い保育者たちにとっても、桐山先生の保育は、「こどもを主体に」という保育の核となり、大きな信頼を生み出していった。

その年の十月に行われた初めての運動会では、休みがちな春海ちゃんやはるくんも友だちと一緒に表現することをとても楽しみ、園庭に出るとうんと体を動かして遊んでいた。

桐山先生に「はるくん、どんなことをしているのかがわかって参加しているの」と聞くと、「うーん、それは難しいですねえ…」と言う。

はるくんは、みんなが園庭を走り回ると、同じように走り出し、見よう見まねでみんながするブリッジをしようと身体を動かしてみたり、亀のポーズをとってみたりもした。どちらも簡単なように見えて意外と難しい。もともとバランス感覚が弱いため、身体を四肢で支えるのも難しそうで、ブリッジでは腕で体を持ち上げることができずにズルズルすべり、へなーっと崩れてしまう。砂いじりを始めると没頭してしまい、練習に戻らず自由に遊び始めたりしていた。

そんな姿を見せるはるくんだったが、最後にみんなで手を繋いで虹の橋を作るシーンでは、必ずやって来て手を繋いだ。あーちゃんや春海ちゃんが、はるくんの立つ位置を教える。間違って立とうとするとみんなが困るので、必ずこども同士で順番を教え合い、はるくんを移動させ虹を完成させていく。私は、その瞬間にいつも感動した。

運動会当日、最後の七人のこどもの演目を見ていた大人たちは感動し、その場を動かなかった。こども自らが生きる力を発揮する時に大人は心を動かされる。そのことを通してこどもから学んでいく。こどもたちの姿に主任も涙を浮かべて感動していた。

石川さんとの対応を通して、誰にも言えずに困っている保護者が他にもいるのでは…と考えるようになり、登降園時に積極的に保護者に関わって、家での様子や日常の些細な話を聴くようにすると、お母さんたちはボツボツと実情を話すようになってきた。その話に息苦しさを感じ取る。

大阪市内で子育てをしながら生活することは、これまで以上に厳しさを伴っていた。

見た目は綺麗に着飾って、持ち物もきちんとしている家庭がほとんどだが、家での食事や生活実態、それに就労状況のところで、いろんな「貧困」があることがわかってきた。一人親世帯も増えてきている。こどもとどう接していいのかと、一人で悩んでいるお母さんが多かった。不安を抱えながらも、困っていることをなかなか他人に言い出せないという。

運動会が終わり、行事を通してお母さんたちはようやく職員に打ち解け始め、これまで言えなかった気持ちを話し始めた。真面目に仕事を探して働いていても、こどもが熱を出したり、他にも気になって休むことが増えると、仕事先からのクレームで辞めざるを得なくなったお母さんもいた。一人親で、こどもの世話をするのが仕事の時間に追われてやっとの人もいる。いつまで経っても貧困層では「生きにくい」様子が付きまとう。それは特に「お母さん」にのしかかる。

お母さんが頑張りすぎると家庭での余裕がなくなり、こどもも鬱屈した状態になる。そうして保育園に来ると、こどもたちはその気持ちを吐き出そうとして暴力的になったり、ちょっとしたことで切れて、トラブルが絶えず起こった。それまで自信を持って保育を進めてきた保育者たちも、そんなこどもの様子に手こずっていく。また、お母さんの話にも揺れた。保育はチームワークなので、こどもの姿が良くなっていかないとチームは揺れる。集まってきたばかりの職員間では、こどもの姿を通して様々な葛藤が生まれ、ギクシャクし始めた。桐山先生の保育に刺激されながらも、うまくいかないでいる保育者たちの中では、様々な問題が浮上してきた。

それは、うちの園だけの問題ではなかった。区の要保護児童対策地域協議会の呼びかけで集まる幼稚園保育園の担当者会議でも、様々な実態が出され、こどもの深刻な問題が次々に浮上してきた。

「幼稚園に毎日来る子はまだいい。来ないでずっと連絡なしで休む実態があり、こどもとその家庭の問題について、解決の糸口が見えてこない。家庭訪問しても、居留守を使われてしまう」

「朝ご飯、食べずに来るこどもに対して園でもなんとかしたいが、現場保育士に説明しても、『わがまま』や『保護者責任』と片付けられて理解を広げるのも厳しい」

「クラスに一人や二人の問題やったら、まだなんとかなってるんですわ。でもね、発達障がいのある子の対応も合わしたら、どのクラスにもぎょーさん問題を抱える子がいてはって…先生も四苦八苦していて、運営にも厳しいもんがあるんですわ」

このような窮状も聞こえてきた。

その上、区の中には保育園・幼稚園・認定こども園に来れないでいる乳幼児の家庭での実態を把握しきれていないことも上げられ、深刻なこどもの実態が説明された。家庭が孤立化していて精神的にも追い詰められて暮らしている人がますます増えてきている今、子育て支援に関する保育園の課題は本当に大きい。

四　企業が保育園を運営することとは

株式会社立保育園では、公立保育所で出会った保護者と次元の違うところで、様々な問題を投げかけてくるケースもあった。キャリアで働いているお母さんは、こどもの体調に頓着せず、長い時間、できる限り毎日、保育園へこどもを登園させたいと願う。そして自らは仕事に向かった。仕事が忙しくなると、こどもの気持ちより仕事を優先してしまう。〇歳児クラスのある子はまだ一歳のお誕生が来ていなかったが、疲労を積み重ねてヒステリックになって泣いた。そして、高熱を発した。

その子は、痛々しい声を出して真っ赤な顔をして泣いていた。あやしても抱いても機嫌が良くならず、熱も上がっていく一方だった。三十八度を超えてから電話をかけ、お迎えを依頼した。その現場にはお母さんはいない。もしも、何かあったら…と不安になる若い職員たち。

少し早く仕事を切り上げてようやっとお迎えに来たそのお母さんは、次の日、「熱があるから迎えに来たのに、家に帰ったら熱なんかなかったやん。もっと、見れたんとちゃうのん」とクレームを言い、こどもを連れてきた。担任の保育者たちは謝りながら話を聞き、受診を済ませてきたその子を受け入れた。このまま預かるのは少し怖いなと思ったらしいが、「受診」していて大丈夫と言われれば、受け入れざるを得なかったという。こどものメンタル面は気にかけないで…。

こういうやりとりが往々にして起こった。こどもの持ち物にしても然り。保育をサービスとして求めてくるお母さんたちはこどもを預ける権利を主張し、自分の思惑と違えば、サービスを受ける立場から保育者に文句をがっちり言ってきたりもした。そうした内容には「こどもの使ったエプロンが家に帰ったら臭くてたまらないから、水洗いではなく洗濯機で洗って返してほしい」とか、「紙パンツの使用が多すぎる。もっとたんまりオシッコを吸ってから替えてほしい」とか、「ここは企業が運営する保育園やから、物がなくなったら弁償してもらわんとサービス低下よ」などというように、親都合のものが多かった。どこまでもエスカレートする保護者の要求に、会社は保育サービスとしての保護者対応を中間管理職である私に求めてきた。その頃の私は、会社の求めてくる「保育サービス」に静かに抗いながら、こども主体の保育をどう優先するのか…知恵を巡らしていた。

「働く保護者のサポートをします」という企業の謳い文句は、キャリアを持って働くお母さんの心のサポートにはなるが、預けられるこどもの拠り所とはならず、保育者と一緒に子育てを進めていくという「共同子育て」にも繋がっていかなかった。企業が考える「保育の質」は、保護者を「顧客」として扱い、サービスとして優先することにあった。それは、顧客を満足させるための「保育の質」でしかありえなかった。

先ほどの例のお母さんは、簡単かつ栄養素の高いレトルト食品でしっかりと離乳時の栄養を与え、まず自分が倒れないようにするために先に帰宅して体を休めてから分刻みに家事全般をこなし、反対に我が子には朝の七時半から夜の十九時半まで十二時間の保育を受けて頑張ってもらう。こどもは、その状況下で順応し、熱を出して周囲に苛立ちをぶつけながらも逞しく「育って」いく。キャリアばりの「猛烈保育」がそこでは求められていた。紙パンツ、保育時間、簡潔離乳食、こどもの能力を高める保育内容、保育対応、エトセトラ…、そんな風に並べてみると、どれも「こどもにとってのより良いもの」というよりも、働くお母さんの応援グッズとして取り扱われているものばかり…。心のどこかでその路線に一抹の不安が蠢き、方向転換できないもどかしさを感じていた。

しんどそうでイライラするこどもを見ていると、「お母さんとゆっくり、家で過ごしたいやろねえ」という気持ちが強くなり、「手作りの温かい食べ物」の大切さが身に染みる。こどもは、ほんの少しでも息抜きをすることができれば、ゆったり育っていく。保育現場から見える保護者の様々な姿…そこに、こどもの「生きにくさ」が見てとれた。

食べることを大事にしよう、こどもが自分からできる力を育てようと、こどもの必要なことを具体的に職員に話し、保育内容の研修を行ったり、若い保育者が求める保育技術について一緒に考案したりして、保育者の視線をこどもたちに集まるように働きかけていった。

それは、企業の方針である「保育サービス」を謳う一方で、自らやりたかった「こども主体」の保育の本質を探っていくという、矛盾が混在する中での苦肉の策だったが、こどもの一番しんどいところで繋がる保育者たちと辛うじて緩やかな共感関係が生まれ、桐山先生を筆頭にして、私の唱える「こども主体保育」の良き理解者となってくれた。だが、そこにたどり着かない保育者は、担当する行事を前にして突然姿を消したり、表面的には理解したそぶりを見せながらも処遇の悪さに対する不満を募らせ、園全体は波乱を抱えながら進んでいった。

五　お母さんからの手紙

桐山先生は自ら面白がって、こどもたちと自然と関わる。こどもの姿からどんな風に遊びが発展するのかを見つけ出し、その準備をどうしようかと、いつも考えて行動していた。こどもの生き生きとした目の輝きに出会うたび、その楽しさが伝染してくる。そして石川さん自身も、桐山先生とこどもたちとのやりとりに信頼を寄せていった。少人数の中で、はるくんと春海ちゃんの二人は、信頼と温もりの中で過ごして三月を迎えた。三月、園の初めての卒園式では、みんなに祝福されながら、春海ちゃんも、他の年長児とともに巣立っていった。その頃には、随分言葉も行動もしっかりしてきていて、春海ちゃんは小学校に就学した直後に、療育手帳はもう必要がないと交付が打ち切られることになった。お母さんはとても喜んでいた。

卒園式の帰り際に、お母さんは保育のお礼の言葉を手紙に託して桐山先生に手渡した。その中に、夫からDVを受けていると書かれていた。その言葉にびっくりした桐山先生は「本当は個人的にもらったものなんですが…」と悩みながら、手紙を持って相談に来た。手紙をきっかけにして家庭訪問を行うことで、お母さんの抱える「闇」について、ようやくその輪郭が見えてきた。

はるくんと春海ちゃんが保育園と学校に行っている間に、石川さんが少しでも事実を話せるように気遣って家庭訪問を行った。

　石川さんの話からは、お父さんから受けてきた暴力の具体的な事実とその辛酸さが滲み出ていた。顔が変形するぐらい殴られ、それが癒えるまでは外に出れなかったこと、買い物も夜遅くになってからサングラスをして出かけ、近くのコンビニで急いで済ませたと言い、こどもたちもパジャマを着替えられず不安がり、家の中で三人で小さくなって潜んでいたと聞いた。もともと、お父さんはここでずっと一緒に住んでいるわけではなく、他にも家族になる人がいて、その家々を渡り歩いているという。その話ぶりは、これまでの曖昧模糊とした石川さんとは違っていた。堰を切ったように石川さんは、お父さんは暴力を振るった後に、以前結婚していた女性のところへ行くと言い、そしてその女性は夜中でもやって来て、玄関の扉を大声を上げながら激しく叩くんだと、耳を抑え怯えながら思いの丈を話した。

　玄関の扉を叩く音が聞こえるたび怖かった…と聞き、以前家庭訪問に伺った時のシチュエーションとが繋がった。居留守ではなく、そういう理由があって出て来れなかったんだと。お母さんは病院でも、「転けました」と嘘をついて見てもらってきたという。誰かに打ち明けたら、自分の妹や家族にも暴力で嫌がらせをされるのではないかと怯えていたと、まさにＤＶを受けた者が持つ症状を抱えていたことが窺えた。

お母さんの問題は、保育園だけでは到底解決できそうにない話だった。お母さんの了承も得て、私は区の担当職員に電話をかけて時間を取ってもらい、直接担当職員と会ってこの事実を話した。やりとりについては区役所なりの守秘義務もあり詳細は知らされなかったが、担当職員はＤＶ担当のケースワーカーに繋いでくれて、石川さん自身のケアのため家庭訪問が行われることになったと教えてもらった。その担当職員もこまめに動いて石川さんとこどもの様子を見守ってくれたが、一民間園の園長としてはそれ以上のケアについての事実をつかむことはできなかった。

また、石川さんの話には一貫性がなく、「はるは、お父さんにとっては大事な男の子」と嬉しそうに話す時もあれば、「はるがいるから、お父さんと別れられない」と苦々しく話したりもした。暴力は、この園に入る以前からあったというが、これまでお母さんが隠してきたため、区の子育て相談の担当職員もお父さんの様子を詳しくは把握していなかった。

幸いなことに、こどもたちには暴力を振るわなかったようだが、こどもたちは「お父さんがお母さんを叩く」場面を目にしている。その現場を見てきたはるくんや春海ちゃんは、心に傷を負っているはずだ。園に来る二人の様子からは伝わってこなかったが、春海ちゃんが、六月頃、夫婦喧嘩のことを必死になって話していたのは、後から思えば、あの当時が一番、お母さんへのＤＶがひどかった頃だったのではと考えられた。

ともあれ、お母さんが事実を口に出して話したことで、生活が落ち着いていったのも事実だった。桐山先生は、暮らしの中ではるくんや春海ちゃんを見てきていたので、クラスを離れてからも石川さんのことを心底心配していた。

家庭訪問で不安げに話していた石川さんだったが、春海ちゃんの卒園式には夫婦同伴で参加していたし、その後、小学校の入学式も夫婦同伴で迎えたと、嬉しそうに話してくれた。春海ちゃんの小学校入学によって一区切り着いたのだろうか、石川さん自身の口からそれ以降、ＤＶについての話はなくなり、また、今までに見られた自虐的な行為もなくなっていった。

開園したばかりの保育園では、石川さん家族の問題だけではなく、様々な出来事が起きていた。その三月には一年で辞める保育者が八名にもなり、新しく入社してくる保育者の面接にも追われた。退職者の中には、はるくんが心を許していたフリーの保育者もいた。その保育者は「園長先生は何にも悪くないの。私もよくしてもらいました。でも、給料は今まで見たこともないぐらい低すぎるし、待遇面も変わらないし、なんかバカにされた感じが消えなかった」と打ち明けてきた。保護者に辞める理由を不満げに語る退職者たちを見て、年度が替わってから保護者たちがどんな風にそのことを受け止めていくのかと考えると戦慄が走った。

四月からの保育を前にして、入社した保育者たちとの面談の狭間で、心の奥底で広がる不安を抱え、「園長失格や」と私は情けない気持ちに襲われながら、園を後にする退職者たちを見送った。

六　年長児になったはるくん

はるくんは年長児に進級してから、家での生活リズムも整い、ほぼ毎日のように登園してきた。桐山先生は三歳児クラスの主担任になり、落ち着いていたはるくんたちと離れて過ごした。はるくんは他の年長児と、四歳児に上がったこどもたちとの合同クラスで、二十名で生活を始めた。

年度の終わりに退職した保育者の中に、中川先生もいた。多くの職員の入れ替えで運営面でも混乱し、私は保護者の対応に追われる日々が続いた。新任で四、五歳児クラスを受け持った川口先生は、五十代に入ったばかりの小柄で気持ちの優しい保育者だったが、こどもたちは三月の終わりに中川先生がいなくなったことで、年度が変わっての数日間、新しく来た川口先生を拒み続けた。

職員の大幅な入れ替わりに伴い、どの職員も、毎日、朝からクラスに入り込むため、午前中、職員室は空っぽになった。はるくんは、進級前の三月は中川先生と三歳児のこどもたちと一緒に過ごしていたため、けいくんや茜ちゃん、真司くんと一緒に、午睡時間になると絵本室で自分の好きな遊び道具を持ってきて過ごし、好きな絵本を手に取って読んだりして落ち着いていたが、進級時の混乱の中では、午睡中の保育室に入り込んで、ふざけて走り回ってはつまずき、布団に寝ている子に覆いかぶさってしまうようなことも起きてきた。はるくんは大いに暴れ、また、ウロウロし始めた。こどもたちは、そんなはるくんを厄介に思って、避けるようになる。川口先生は、新年度が始まって数日後に行われた入園式の後、暗い顔をしながら面談を要望し、早々と辞めたいと申し出てきた。

こんな状態で職員の途中退職なんて…考えられなかった。ましてや、四、五歳児の担任であればなおさらと引き留めたが、頑ななまま川口先生は、四月いっぱいは勤め上げ、五月連休明けに「病気療養」という名目で事実上の退職となった。私は園長業務だけではなく、四、五歳児クラス保育も兼務することになった。主任はもともと乳児経験のほうが多く、〇歳児クラスに学卒新人が入職したので、その指導に入った。はるくんたちと一緒に保育室で過ごす時間が増えていったことは喜ばしかったが、午後はどうしても園長業務で抜けざるを得なくなり、そんな時にはるくんは暴れた。

五月のゴールデンウィーク後、はるくんは体調を崩しての欠席が増え始め、休み出したら電話をかけたり、家庭訪問をしたりしてコミュニケーションを取り、石川さん家族の様子を見守ったが、内心、私は園長として、五月終わりの保護者説明会で、この難局をどう乗り切るかを考えながら、四、五歳児クラスの年間保育計画も作成せねばならなくなっていたため、いつもバタバタと余裕を持てずにいた。そんな折に、石川さんは私を捕まえて、明るくＤＶも起こっていないと話し、就学した春海ちゃんのことを「春海は私の分身」と嬉しそうに話すようになった。毎日、はるくんの送迎をきちんと行い、連絡なしでのお父さんのお迎えということもなくなっていた。そうかと思えば、夫婦揃ってはるくんを迎えに来る時もあり、びっくりしたことがあった。

六月になると、はるくんは休みがちになり、登園時にお母さんを手こずらせるようになっていた。

「先生、やっと来れましたあ。はる、園に来るのに今日は、もう一時間もかかったのよお」

そう言うと、昼頃にはるくんを連れてきた石川さんは、玄関にカバンを乱暴に投げるようにして置いた。そして、出迎えた私にも珍しくイライラした気持ちをぶつけ、「この子、頭変なのよ」と話した。

はるくんは、お母さんに顔を背けて縮こまって座り、何かを持って遊んでいた。私が「はるくん、どうしたん」と覗き込むと、ぱあっと明るい表情になって振り返り、「せんせい、ほら、はっぱだよ。…きれいでしょ」と手のひらを広げた。

ずっと握りしめてきたのだろうか、葉っぱが数枚、小さな手の中から出てきた。

「ほんまやねえ。きれいねえ。葉っぱいっぱいや」

そう言ってはるくんの気持ちに同調してみせると、お母さんは割って入り、「もう、葉っぱばかり見てえ。そこから動かないんよ。この子、変なのよ、先生。それが二十分も続くのよ」と、イライラのボルテージを上げた。

はるくんはその声に反応し、次の言葉を飲み込んだ。玄関で話すのは差し控えたほうがよさそうだ。

「さあ、みんな待ってるよ。はるくんも二階に上がって朝の用意を始めておいで」

そう声をかけると、勢いよくはるくんは二階に上がって行った。

「もう、はるっ」と後を追いかけるお母さんに、「お母さーん、帰りに職員室に寄ってね」と声をかけた。石川さんは帰り際に職員室に寄り、まだ話したそうにしていたため、家庭訪問の都合のいい時間を聞きながら、訪問の約束をした。


はるくんの家は集合住宅の二階にあり、２ＤＫの間取りだった。ノックをすると、中からお母さんの明るい「はーい」という声がして、玄関の扉が開けられた。家の中も結構綺麗に片付けてあり、以前にはなかったこどもが使うおもちゃも、数は少ないが散在していた。春海ちゃんの学校用のものを置く場所もできていた。その時は、はるくんも保育園にいて、春海ちゃんが小学校から帰って来るまで少し時間があると、石川さんは私の訪問を喜んだ。

「おとうさんとはどんな感じなの。この頃は喧嘩はしてないのよね」

そう話しかけると、お父さんとの関わりも落ち着いてきていて、今ではＤＶは全くないと石川さんは話した。

はるくんの園での様子を伝え出すと、石川さんは私の話を遮って「先生、はるも春海のように療育手帳がなくならないかな」と、突拍子もなく聞いてきた。

お母さんは「療育手帳」の有る無しにこだわっているようなので、どうしてそう思うのか尋ねてみると、こんなことを言った。

「先生、はるはね、生まれてくる時に右脳を怪我して生まれてきたの。だから、はる、おかしいところがあるんです。それは障がいとは違うと思うの」

右脳の怪我とは、どういうことか。お母さんの話からは、生まれた時の病院の先生の話、それ以降受診する診療所の先生とのやりとりは出てくるが、それ以外には何の説明もなく、唐突に「右脳の怪我」という言葉が飛び出してきて、私はどう理解すればいいのかわからなかった。

はるくんは、時々ふらついたり言葉がおうむ返しになってしまうため、医療的な配慮をされているのかもしれないと思い、そのことを聞き出そうとしたが、お母さんには伝わらず、話はトンチンカンなものになってしまったので、聞き方を変えて、てんかんはないかとか、家でお薬を定期的に飲んではいないかなどと、具体的に聞いてみた。

すると、石川さんは右脳がどうして怪我をしたのかもわからないようで、医師に言われた通りに記憶していたという。薬と聞いたため、しまいには診療所の風邪の時の内服薬が入った袋を見せて説明しようとするが、結局、「右脳の怪我」がどういうものなのかわからなかった。出産と同時にはるくんは、脳機能に障がいがあったということなのか。区の家庭児童相談員からも、「右脳の怪我」という報告は受けていなかった。

確かにはるくんは、目を細めて光を気にしたり、集中する時は右側に首を傾げる。それに左利きで箸をグーで握り、ご飯も手づかみで食べることがよくあり、手指の動きも不器用で、斜視もあった。また、左右のバランスが悪く、ふらついたりよく転けたりもしていた。全体にバランスが崩れているのは、「右脳の怪我」が関係するのか。はるくんの姿で思い当たることを浮かべた。

「この間の、ほら、お母さん、長く休む前の、お昼にお迎えに来てもらった時のこと、覚えてる。はるくん、食事中に園で倒れたでしょう。その時は、おかわりをもらいに行くのに、お椀を持ってふらふらと足に力が入らない感じやったって、三好先生が言ってたけど」

そう言って、その時の状況を、もう一度念入りに説明して聞いてみた。

「座ろうとした途端に椅子との距離感がわからなくなって転げてしまって、その後も気持ち悪そうにずっと俯いていたんよ。そのこと、お母さんにも伝えたと思うんやけど、覚えてないですか」

「……」

お母さんは、思い出そうと宙を見ていた。

「電話かけてお迎えに来てもらったでしょう。あの後、病院にも受診したって話してくれたけど、それっきり休んでしまっていて、お医者さんがどう言っていたのか、まだ聞かせてもらってなかったよね」

「ああ、ああ、先生、あの時のことね。お医者さんはね、はるが赤ちゃんの時から見てもらっている人でねえ、先生、よく見てくれるんですけど……。うーん、なんて言ってたかなあ。そうそう、風邪じゃないかって言ってたかなあ」

結局、石川さんの言葉からは、ふらつきの原因はわからずじまいだった。石川さんは話を続けた。

「園長先生、私ね、はるをなんとかしたいと思ったの。だから、はるを休ませてね、箸の持ち方を教えたり、紙パンツも外したのよ。はるがこのままやったら、春海がかわいそうで」

「えっ、どういうこと」

「春海が、はるが今のままで小学校に上がったら、『あの子の弟、障がい児じゃない』って言われてクラスの子にいじめられたりしないかって、ものすごく不安になるのよ」

お母さんは深刻そうに話した。

「この間も小学校の参観の時、はると似た子がクラスにいてね、その子のことを見ていたお母さんたち、あーママ友ってやつね、先生、わかるうっ。私、春海のおかげでママ友ができたのよ。それが、みんな、その子のことを変な目で見ていてね、陰でコソコソ言ってるのよ。『あんな風になってしまったら、みんな迷惑するね。あの子、おかしいんと違う』って、そう話しているのを聞いていてたまらなく怖くなったの」

お母さんは、春海ちゃんが入学して、今は友だちとうまく関わっているけれど、はるくんのことが原因で関係が壊れたらと不安でたまらないようだった。

そうか、だから、はるくんはストレスを感じているのか。

我が子に対し「障がい」という視点での偏見を、実はお母さん自身が持っていたということがわかった。石川さんにとっては春海ちゃんが全てで、春海ちゃんが他の子たちと仲良くできていることで、母親としての幸せを感じていた。だから、はるくんが抑圧されてしまっていたのかと思い当たった。はるくんを育てることは親として頑張ってほしいが、身勝手な論理ではるくんへの憎悪が膨らんでいるようで、私はそんな石川さんにどう話を切り出そうかためらっていた。

「お父さんはもう私を叩かなくなったし、安心しているのだけれど。でもね、他にも女がいて、先生、あいつにははると同じ歳の女の子もいるのよ。それで最近は、その女の家に入り浸っているんだけれど。それでも、この家を出て行かないでここにいるのは、はるが可愛いからなの。私は愛人の一人でしかなくて。他のところにも女がいてね、お父さんの子ってたくさんいるのよ…でも、みんな女の子でね、ここにいるはるだけが男の子なんよ。はるはお父さんにとって一番大事な子なの。でも私ははるを手離すことはできないけど、あの子といたら嫌な気持ちが大きくなるの」

石川さんはそう言うと、春海ちゃんのように療育手帳が必要なくなれば、はるくんもまっすぐ受け入れられるようになるはずだと話し始めた。そのために、毎日、はるくんに字を教えて、ご飯の食べ方や箸の持ち方も諦めずに厳しく教え始めたのだという。お母さんの思いを知って、園で一緒に過ごすはるくんの姿を思い、悲しい気持ちになってきた。はるくんは、お母さんの気持ちに応えようと健気に頑張っていたのだ。

「はっぱがきらきらしてるよ、おかあさん」

はるくんのその気持ちは、お母さんに届かない。そればかりか、お母さんに否定され、疎ましい行為だと非難される。はるくんは、きらきら光るものが好きだしお母さんが大好きなのだ。

必ず毎朝、家の前の空き地で、隅っこに生えている葉っぱを見つけては走っていき、ゴソゴソしながら座り込んで葉っぱ集めを始めるらしい。お母さんは、その行為がおぞましいとさえ思えてくるという。集めた葉っぱを必ずお母さんに渡しに来るはるくんだが、お母さんは叩いて振り払いたくなるのを、かろうじて我慢していると話した。

「こんなもの、いらないから。それより、もう早くして。はるくん、保育園遅れる。ほらっ、早く」

年長児に進級してからも握り箸で、箸がうまく使えなかったはるくんだが、休んだ後、一生懸命お箸で食べようとし、もう片方の手で食器を押さえることも意識するようになっていた。お母さんの話を聞いてから、はるくんのその素振りが理解できた。無理をして歪んでしまった気持ちを、無意識に友だちにぶつけ出すことで発散していたのかもしれない。どこかで発散しないと、はるくんが潰れてしまう。そんな風に思えてならなかった。

最後に思い切って、私は本心に近いところでお母さんに話した。

「友だちを叩いてしまうのは、はるくんね、無理して頑張っているからじゃない。春海ちゃんも園からいなくなってしまい混乱しているんよ、はるくん。その上、大好きなお母さんにできないことばかりで叱られては、辛いのじゃないかなあ」

「先生はわからんのよ、私の気持ち。はるは……春海に迷惑かける子でしかないんよ」

お母さんはムキになって受け入れようとしなかった。

「春海ちゃんもはるくんも、お母さんが大好き。お母さん、頑張りすぎてない。春海ちゃんが小学校に上がってから。春海ちゃんは、どんな風にはるくんのこと受け止めているのかなあ…。また春海ちゃんの気持ちも聞いといてね」

そんな風に伝えて園に戻った。

その後、はるくんは、登園時に通りがかった救急車に気を取られてバランスを崩し、自転車から落下して腕の骨にヒビが入る怪我をした。お母さんは園を休むことにすると電話をかけてきた。

「大丈夫、お母さん。そんなに長い間、はるくんのこと一人で見れるのん…」

お母さんは、スッキリした声で言った。

「あのね、先生、はるくん保育園が好きだって。葉っぱや虫も大好きだって…。この間は言いすぎてごめんね。春海に叱られたわ。春海が『はるくんのこと叱らないで』って私に泣いて怒るのよ。春海も保育園大好きだって。泣きながら『園長先生に謝ってきて』って言われてね。もう、大丈夫やから、はい、先生、私、はるをちゃんと見るから」

はるくんは、それからしばらく休んだが、お母さんははるくんとの生活に手こずったようで、ギブスが取れるとすぐに保育園にやって来た。久しぶりの保育園が新鮮だったのか、はるくんはニコニコしている。休む前と違っていて落ち着いて過ごしていた。だが、不思議なこともあった。

友だちに気持ちをぶつける時は、ふざけて「大好き、大好き」と言いつつ、抱きつきながら相手を床面に押し付けていくはるくん。その時の力加減は、体格の良い大きな男の子でさえ、起き上がれず床面にぶつけて鼻血を出すほどの、びっくりするぐらいの力だった。

「はるくん、今のはダメだよ」

三好先生は、はるくんがハッとするように声をかけた。無意識に近い状態でしてしまうはるくん。床面にぶつけられた子は、何が起こったのかわからないまま鼻血が出て、オロオロと戸惑っていた。

はるくんは、自分が嫌なことをされない限りは自分からは手を出さない。からかったり、ふざけてはるくんを挑発するその男の子に、はるくんは「大好き大好き」と近づいていく。はるくんの辛い気持ちと、男の子の挑発が一致するかのように、はるくんは男の子に抱きつきに行き、「大好き」と言う言葉とちぐはぐの行動を見せる。男の子は、そんなはるくんに少しびっくりして、後ずさりしていった。

七　こどもと太鼓

運動会の季節がやって来ると、前年度の七人で手を繋いだこどもたちを思い起こす。その当時のはるくんの様子はずっと心の中にあった。二年目の八月、夏も終わりに近づいてきていた頃に、三好先生が運動会の取り組みについて相談に来た。

「園長先生、この子たち（年長児たち）に、太鼓を教えていただけたらと思うのですが」と。

六月から、川口先生の後任としてやって来た嘉山先生が、四、五歳児クラスの担任になり、はるくんたちと毎日一緒に生活をしていた。また、四月の後半から川口先生と一緒にこどもたちと過ごしていた派遣採用の三好先生にも、そのままクラスに残ってもらった。三好先生には、はるくんだけでなく、気になる子の個別配慮やフォローを専門にする加配担当になってもらった。雨降って地固まるというが、園全体も昨年度の様子とは打って変わり、その年の採用者は、私が唱える保育論の良き理解者となり、「こども主体保育」について一緒に考える素地ができるようになってきた。

嘉山先生は、ここの園に来る前はＯＬをしていたそうだが、その前には認可保育園での四歳児、五歳児のクラス担任の経験を持っていた。株式会社立保育園なら、きっと時間通りに働ける会社的な要素があるのでは、と面接を受けたのだという。人手不足で喘いでいた私にとっては、救いの神でもあった。よく笑い大声でこどもたちと戯れ、人情味溢れる性格で積極的に関わっていく人だった。

また嘉山先生とは対照的に冷静な三好先生は、川口先生やその当時のこどもたちの様子も客観的にそして親身になって見ていたが、どこかで正規職員とは線を引いていた。川口先生がいなくなり、こどもと悪戦苦闘する不器用な私の保育にこどもたちはついてこようとした。それを見ている間にほっとけなくなったと言い、「昼からは私がこの子たちを責任持って見ますから、園長先生は安心して他にしないといけないことをしてください」と、このクラスに責任を持って関わり始めた。

三好先生は派遣で仕事をする前は、社会福祉法人の認可保育園で幼児クラスの担任に当たっていたという。以前の園では、帰りが夜の十時を回ることも度々あり、このままでは体を壊すと寿退職。それからは派遣で時間通り決まりきったことだけをするようになったと話した。

その二人が、運動会の取り組み方を相談し、嘉山先生が四歳児のエイサーを担当し、五歳児は三好先生が担当するが、はるくんのことがあるので、一緒にしてほしいということだった。

「ええよ、太鼓面白いしね、やろやろ。三好先生、バチ遊びもやってみいへんか」と反対に誘うと、

「バチ遊び面白そう、やりたいです。私も太鼓は初めてですが、バチ遊びなら任せてください」と、話はまとまった。

当初、こどもたちは、五歳児保育室に四人で集まると特別感が持てるようで、張り切った。ところが本格的な太鼓の稽古を始めると、思っていたのとは違ったようで、

まず、けいくんがバチを投げ出した。はるくんも、それに乗っかって一緒にやめてしまう。反対に茜ちゃんや真司くんは、太鼓を叩くとバチがバウンドして響き出し、面白がった。言葉と一緒に太鼓を叩けばボンボンバチが跳ね返ってくる。お腹にも鼓動が響き愉快になり、だんだん二人が上達する。けいくんはその様子を見て、やってみようとするが、なかなか思い通りにいかない。私は、それでも粘り強く太鼓を叩きリズムを伝承した。茜ちゃんや真司くんは弾ける太鼓に愉快になり、自信をつけていく。けいくんは、二人が羨ましく負けん気を発揮して叩いているうちに、じわじわと太鼓の面白さが伝わっていった。

問題はやはり、はるくんだった。はるくんには難しすぎたのか、リズムが全く身体に入っていかなかった。昨年度のように、助け舟のあーちゃんや春海ちゃんはいない。茜ちゃんも真司くんも、これまでに度重なるはるくんの困った姿があったからか、はるくんに関心を示さなかった。休みがちのはるくんは、登園して来るとみんなが出来上がっていて余計に入れない。部屋の隅っこで絵本を広げて背を向け、その位置から動こうとしなくなっていた。三好先生が誘っても頑なに拒む姿が見られ、いつか必ず一緒に太鼓を叩くやろと信じて待っていた私たちも、だんだん心配な気持ちが膨らんでいった。そんな折、けいくんがバチを二本持ってはるくんのそばに寄って行き、「はるくん、バチはこうもつねんで」と、バチを渡した。

はるくんも、唐突なけいくんの関わりにびっくりしている。茜ちゃんも真司くんもはるくんがどうするのか…二人の様子を見守っていた。はるくんは、渡されたバチを持って立ち上がった。

「うん。バチはこうもつの」

それからはるくんは、けいくんと並んで太鼓の前に立った。二人は一緒に叩き、ボンボン跳ね返るバチを見て笑った。けいくんははるくんが太鼓の前に立ち、四人で叩けることがとても嬉しいようだった。バチ遊びも四人の動きがまとまってくる。そして、運動会が近づいてくると、けいくんは、四歳児や保育者たちに自分たちの太鼓を見てほしいと三好先生に言い出した。「太鼓、見に来てください」と年長児四人で各クラスを回り、運動会を数日後に控えたある日、二階ホールで年長児の龍神太鼓を披露することになった。

その日、はるくんは休んでいたが、けいくんの迫力に茜ちゃんや真司くんも恥ずかしさを振り払い、真剣に披露した。見ていた職員やこどもたちは感動の拍手を送った。

「はるくんも来ればよかったね」と言う真司くんの言葉に、茜ちゃんもうなずく。その日から、四人で太鼓をすることがこどもたちの目標となったと、三好先生から聞かされた。

運動会が前日に迫り、朝からこどもたちは、太鼓がしたくてはるくんを待った。しかし、待てどもはるくんはやって来なかった。ひょっとして来ないつもりか。なんだか嫌な胸騒ぎがして、私は朝からお母さんの携帯電話の番号を叩いた。しつこく鳴らすと、渋々お母さんが電話口に出た。はるくんは行きたがっているのに、お母さんが踏ん切りがつかないのだという。はるを運動会に出したら、他のお母さんも見ているしと、お母さんは不安な気持ちを吐露した。あれっ、その気持ち、もう終わったはずじゃなかったのと、私も焦った。

「お母さんがはるくんのこと、そんな風に思っていたら、はるくんは悲しい気持ちになるよ」

私は、今まで抑えてきた気持ちが爆発して、お母さんに食い下がった。

「でも、はると姉弟ってわかって春海がいじめられたら…私にとってはあの子が全てなんよ、先生」

「はるくんは、友だちと一緒に運動会やりたいはずよ。お母さん、はるくん、今、みんなと太鼓叩くのが一番楽しくなってきたところなの。みんなもはるくんが来たらすぐ練習できるようにって、今でも待っているのよ」

電話越しにますます私の語気も強くなった。

「……」

「お母さんが一番、はるくんのことを理解してないのと違う」

「先生にはわからへんのよ、私の気持ち」

「はるくんの気持ちは、お母さんのどこにあるの」

運動会を前にしてお母さんと言い合いになるが、石川さんは親としての葛藤の最高潮にいたのかもしれなかった。その日、明日の運動会の準備が終わってからも、夕方まではるくんを待った。もう来ないとわかっていても、もしはるくんが来たら、すぐに練習ができるようにと、三好先生と茜ちゃん、真司くん、けいくんと四人の気持ちは、はるくんに向かっていた。嘉山先生も、担任としてはるくんのことを心配していた。しかし、はるくんは来なかった。夕方に今度はお母さんから電話がかかってきて、明日の運動会にはるくんを必ず参加させると、踏ん切りがついたと、落ち着いた声で話していた。なんとなく安堵するが、三好先生、嘉山先生と複雑な気持ちで明日を待った。

運動会当日、開始時間が近づいてくると、いつになくドキドキした。はるくん、来るかな…と。

そんな私たちの心配をよそにはるくんは、オープニングが始まってから少し遅れてやって来た。笑顔でふらふら走りながら、みんなのところに来ると、クラスの友だちや嘉山先生に迎えられた。

はるくんたち年長児四人にとっては最後の運動会だ。はるくんも、友だちと一緒に体育遊びやリレーを張り切ってやっていた。運動会の終わりに近づき、年長児の太鼓の演目の順番が来た。はるくんはけいくんたちと一緒にハッピを着て、三好先生のフォローを受けながらスタンバイした。私は園庭に二台の太鼓が並ぶと、締め太鼓を持って保護者席の前に陣取りあぐらをかいた。その場所からは四人だけでなく、見守る三、四歳児や保育者の様子も窺えた。

真司くん、茜ちゃん、けいくん、はるくん。それぞれにアイコンタクトを取り、締め太鼓を叩いた。四人は走って宮太鼓の前にやって来た。始まりはけいくんと真司くん。締め太鼓のリズムに合わせてバチを高々と上げ、叩き出した。次にはるくんと茜ちゃんの出番がきた。太鼓に向かうはるくんは、なんだかごちゃごちゃ動いている。咄嗟に三好先生のフォローが入り、合いの手のリズムをはるくんに知らせてくれた。はるくんの手が上がった。リズムに合わせて自分のリズムを打つ。隣では、茜ちゃんが気持ちよく晴れやかに宮太鼓を叩いている。交代打ちになると、けいくんのフォローもあり、はるくんの息もみんなのリズムに合ってくる。そして、バチ遊びが始まった。三好先生も、はるくんの前で動作確認を行い一緒にする。バチ遊びも四人の息が合ってきた。最後は二つの宮太鼓に分かれ、バチで太鼓の芯を捉え強弱をつけて叩くところ。クライマックスの最高潮に達した。「そおれえっ」という掛け声とともに、四人は息を揃えて「ドン　ドン　ドン　ヤーッ！」と気持ちを込めて叩ききった。

こどもたちはその瞬間に、全てをやりきった気持ちが溢れていた。四人を囲む四方から感動の拍手が湧き上がった。はるくんたちはその中に包まれた。

八　はるくんの巣立ち

はるくんは、こうしてその年度の終わりに卒園していった。

私はこれから先の石川姉弟のことが気になって、区の家庭児童相談員に「要対協（要保護児童対策地域協議会）のケース会議ができないか」と相談した。保育園での対応は終わってしまう。これから日常的には石川家族と関われなくなる。少しでも情報を共有することで、このまま家庭の状況が落ち着いてほしいと願ってのことだった。

小学校の担当者数名と、区役所の各々の担当職員が加わり、はるくんが在園中にケース会議を開くことが実現した。これから、春海ちゃんもはるくんも、保育園を離れて、小学校、中学校へと進学していく。石川さんがこどもたちと過ごす中で苦しんだり悩んだりしてきた事実を知ってもらい、ネグレクトという虐待に繋がる背景を共有することで事態が安定するのを願った。

石川姉弟のお父さんのＤＶのことや、はるくんに対するお母さんの思い、気持ちの揺れを伝えると、春海ちゃんの担任からは「お母さんの困った行動がどこから来るのかわからなかったんですが、そんな背景があったのですね。小学校ではお父さんのほうが常識ある人と思って関わってきましたが…話を聞いていると考えさせられました」と、事態を重く受け止めてくださった。生活課の職員からも、お父さんの気になる行為が報告され、区として別の案件も含めて動向を観察していることが伝えられた。はるくんの課題はまだまだ大きい。

他にも保育園で抱えてきた、来年度に就学する子の中での気になることもあり、小学校との連携が持てたことで、ようやく自分の中で一区切りがつけられたと胸を撫で下ろした。

開園から三年目の九月半ばになった頃、ランドセルを背負い学校の標準服を着たはるくんが、保育園の柵越しに立っているのを、清掃担当の間宮さんが見つけ、心配して知らせに来てくれた。時間はとっくに十時を回っている。「どうしたのかな」と、職員室にはるくんを招き入れると、はるくんはクラスの友だちとのたわいもない出来事を話した。それから小学校にも連絡を入れ、学校の通学路までと、久しぶりに二人で並んで歩いた。前年度の四月、五月に一緒に歩いたお散歩のことを懐かしく思い出しながら。そこへ、はるくんの担任の先生が自転車に乗ってやって来て、私たちの前で急停車した。

「はるくん、どうしたん。心配して保育園まで行ってきたんよ」

先生ははるくんに声をかける。

「はい。ごめんね、先生」

はるくんはそう言って私の手を離し、自転車を押す担任の先生と並んで向かい合った。小学校の先生と話すはるくんは、もうすっかり一年生の顔をしていた。

「園長先生、またね」

そう言うと、はるくんは私を残して踵を返し、担任の先生と並んで歩き出した。

あとで教頭先生が電話をくれた。

「はるくんね、園長先生に会いたかったみたいです。はるくんにとって、保育園は大事なところなんですね」

そう伝えられると、心の奥底でほのかな温かいものに触れることができた。

九　「生きにくさ」をかかえたあーちゃん

はるくんの他にもこれまで出会ったこどもたちの中には、様々な家庭問題を背景に背負う子がたくさんいた。山本篤史くん、通称あーちゃんもその一人だった。

あーちゃんははるくんと同時期に株式会社立保育園に入園してきた。入園説明会を欠席したあーちゃんとお母さんは、入園式を控え、必要な入園書類等の説明を聞きに個別に来ることになった。山本さんは面談の中で、自身に睡眠障害があり対人恐怖症という症状も持ち合わせていると打ち明けてきた。

お母さんの生まれ故郷は淡路島で、両親との折り合いが悪く早くに大阪に出てきて、あーちゃんのお父さんと出会って結婚したとも話してくれた。お父さんは長距離の運転手。仕事先によっては三、四日家に帰って来れないこともあるという。お母さんは入園式がまず心配だと言い、人がたくさんの場所では貧血になったりして苦痛が伴うこともあると不安そうにした。山本さん自身が生きにくさを抱えていた。主任と相談しホール最後列の席を取っておき、入園式の開式挨拶が始まる頃に着席してもらうことにした。いつでも退席していいよと伝えて。

入園してきたあーちゃんは、年長児らしく、小さな子の面倒を見る心優しい男の子で、物静かで芯のしっかりしたところがあった。同じ年の春海ちゃんやまるちゃんと意気投合し、散歩や行事の時は頼もしい姿も見せた。そんなあーちゃんだったが、二月半ばの生活発表会が終わった頃、朝の登園途中に「一人で信号を渡っているあーちゃんを見かけた」と、三歳児クラスのとっちゃんのお母さんが心配して知らせてくださった。何かあったのかな…と気を揉んでいたら、お母さんから「あーちゃんが見つからない」と電話がかかってきた。幸い、あーちゃんは保育園に向かおうとし、一人ではダメなのかなと不安になって家に戻って来たが、お母さんに叱られないかとためらっているところを近所の人に保護されていたことがわかった。その後、お母さんはそのことを電話で伝えてから「園長先生、お話ししたいことが」と面談を求めてきた。

面談に現れた山本さんは、余裕のない表情で涙を浮かべて話し始めた。自分の睡眠障害の症状を、お父さんは「ズボラな性格が治らない」と理解してくれず、口論になり家を出てしまったと。離婚になり途方にくれたお母さんは、睡眠障害の症状も悪化し主治医との相談の結果、区役所の生活課の窓口に出かけ、生活保護を受けることになったという。精神疾患は努力して治るものでもなく、家族の理解と協力によって緩和していくが、お父さんはそういう症状のことを理解できなかった。園にはあーちゃんのお母さんと同じ症状で苦しんでいる「お母さん」も他に数人いたが、どの家庭も一人親世帯であり、それぞれに生活保護を受け、自分の症状と付き合いながら子育てをしていた。

山本さんは、お父さんが出て行ってから余計に起きられない状態が続き、あーちゃんは一人で先に起きて冷蔵庫からコンビニのおにぎりを出してきて食べ、お母さんが起きるまで待っていたそうだ。あーちゃんを施設に入れてはと生活課で相談の時に言われたらしいが、山本さんは頑として一緒に暮らすこと望んだという。朝、起きられた時は、なんとかあーちゃんを保育園に連れて行けるのだが、起きられない時にはあーちゃん自身が我慢できず、一人で動き出してしまうことがあり、小学校の入学を前に、あーちゃんとお母さんの上に問題は大きくのしかかっていた。

私たち保育園側でもなんとかならないか考えたが、なす術がなく、区役所にも相談してみたものの、山本さんのケースではどうすることもできないと言われた。園でできることは、連絡なく登園して来ない時は大丈夫か電話をかけること、一人であーちゃんが保育園に来た時は山本さんに知らせるなど、微力でもできることを考えた。そして「あーちゃんを信じ、約束の守れる子に育ってもらおう」と自分たちに言い聞かせて対処した。

あーちゃんは一年目の三月に卒園を迎えた。栄養士の林先生は、そんなあーちゃんのことを、卒園してからも殊の外心配した。私たちは、あーちゃんのことから、こどもの孤食について真剣に考えるようになり、せめて保育園ではみんなで食卓を囲んで食べることを大事にしようと、職員間に呼びかけていった。あーちゃんはもういないが、月一回の取り組みで保育園全体で会食を持つようにし、十一月にはみんなで野菜を切ったりちぎったりして豚汁を作る機会を作った。今までご飯しか食べなかった三歳児の女の子が「おいしいね。これ、みんなでちぎったよ」と言って、豚汁の具を頬張って全部食べた姿が、今でも心に残っている。

私は自ら思う保育を進めていくのに何の迷いも衒いもなかったが、保育園でのこどもたちの置かれている「生きにくさ」が、若い職員たちにとっては感じ取りにくいことも事実だった。

その後、私はこの株式会社立保育園の園長の職を退いた。

はるくんやあーちゃんの例だけではなく、こどもにまつわる「生きにくさ」は、どんなに抗っても次から次へと私の前に現れてきた。一人ひとりのこどもの置かれている現状に目を向け必死になって対応してきたが、目の前にいるこどもたちの実態は豊かさとはかけ離れたところにあった。はるくんが卒園してから、ＳＯＳ緊急入園で虐待から逃げてきた家庭もあり、三年目は園全体で目の前にいるこどもの置かれている実態と向き合って保育も進んでいった。だが私の中で、矛盾が最高潮に膨らんでいったのも事実だった。

朝八時には園に入り、夜は大抵、八時、九時まで残って働いた。休みを返上することもあり、誰よりも園長が長く園にいて対応することで、職員の不安を払拭しようとしていた。妊産婦も増え保育士不足が深刻化するが補充はされず、こどもの実態は深刻化する。体調を崩して休む職員が増え会社に掛け合うが、「急募をかけても来ない」と言われ、補充はなされなかった。そんな状況下でも、私たちはこどもの「生きにくさ」に抗っていった。「こども主体」への理解が深まり、保育に夢を持つようになった職員たちは、同じように休みを返上して身を粉にして働いてくれた。けれど、このままでは続かない。何かが間違っていると感じた。涙ながらに「まずは、保育士の補充と安定を」と会社に求めても、取締役からは新規の保育園の数を増やすことを優先する方針が打ち出され、私たち保育現場の辛さは理解してもらえなかった。

このままでは何も解決しない。低所得で疲弊する職員たちを目の前に、やればやるほど矛盾が膨らんでいく。私は辞表を出す決心が固まった。三年目を終える時、次年度の保育士不足を解消する約束と引き換えに、志半ばで株式会社立保育園を後にした。

第二章

取材に出かけて

りゅうちゃんの“ひと”の絵
ーはじめてかいた！　かけたでー

私は株式会社立保育園を退職した後、知人の紹介で法人運営のこども園の副園長に就任した。志半ばに辞めたためか、こどもの「生きにくさ」というものがなぜ生まれこどもにまとわりつくのか、一層、その根拠を探そうと深く考えた。「生きにくさ」というものが私の心を捉えて離さなかった。私のしてきたことは一体なんだったのか…次に転職したこども園での仕事でも、こどもの「生きにくさ」に焦点を当てて見ていくが、一向に納得できる手応えを見つけられずにいた。そのことが中途半端に終わっていると感じた私は、保育現場を後にすることを決めた。

二〇一八年三月、あと一ヵ月足らずで退職する時が迫ってくると、思い立って動き出した。

一 「横浜の保育園」の写真に惹かれて

音楽活動をする中で映像製作家の姫田蘭さんと知り合った。姫田さんの撮る写真や映像は日常で浮かび上がる人の様々な表情やしぐさを魅せ、惹きつけられるものがあった。姫田さんが撮るこどもたちは、印象深く心に焼きついてきた。どうして惹かれるのだろうか。自分の保育で見つけられないこどもの姿が、そこには映し出されていると感じ、株式会社立保育園で働くようになってからは特に、その写真に魅せられ自らできることを探し、注目していった。姫田蘭さんの写真を手にとってこどもたちの姿を見ると、みずみずしい新鮮な空気を手にしたような気持ちに包まれた。大阪で目にするこどもたちの姿と、そこに映るこどもたちの姿とは明らかに違う。何がどう違っているのか、知りたいと思った。

青空の下で野菜を採るこどもたちは、カメラマンの前でも動じないし、表情を作らない。そんなこどもの生活そのものが豊かに見えてならなかった。私も、こんな風にこどもたち自身で自らの生活が営める場作りをしていきたいと思い、保育実践で具体的にできることを考えていった。職員にも写真を見せながら自らの夢を話した。

栄養士たちは特に、薪をくべて火を焚き、その上で鶏の丸焼きや根菜を焼く写真を手に取って、羨ましがっていた。私たちは焚火のある暮らしに憧れた。空の青と畑というコントラスト、こどもが野菜やバケツなどを運ぶ時の力強さまでも写真から伝わってくる。その他にも食事をする場面や、ホールで体を動かしてリズムをする様子にも興味をそそられた。撮影している姫田さん自身が、その保育園に出向いてカメラを向ける姿を想像した。こどもたちに心奪われていることは、写真に映し出されているこどもの様子から直に伝わってきた。

私たちも保育園の園庭に畑を作ったりして、食を囲む暮らしを保育する中で取り入れていったが、それだけでは到底かなわない。どんな風に保育をしたら、こんなに生き生きとしたこどもたちに育つのだろう。はるくんや今まで出会ってきたこどもたちと、一体何が違うのか。私はどう対処すれば、そんなこどもたちと遭遇することができるのか。行ってみたい、どんな場所なのか、そして、どんな暮らしが展開されているのか、この目で確かめてみたいと思った。

目の前で、いつも「息苦しい」「生きにくい」こどもやお母さんたちの姿を見てきた私は、「生きにくさ」の向こうにある生活を深く考えた。目の前のこどもたちにとって、どんなことを手がけていけば、その写真の中にあるような、「暮らし」が実現していくのか。「生きにくさ」を抱えるこどもとの暮らしの中で、少しでもそこから脱却できないかと手探りで考えていたことが、さらに背中を押した。

三月の半ば、その写真に映る保育園を取材先に選び、姫田さんにアポイントメントを取ってもらい、取材日程と目的を書いて先方にメールを送った。

「あれっ、もう来週やな、私が行くのは」

向こうから連絡がないことに気付いたのは、退職後の四月になってからのこと。迷惑メールと化してしまったため、私の送ったアポイントメールは、実際にはそこの園長の元には届いていなかった。私は連絡がないことに焦ってその保育園に電話をかけ、取材に出かける三日前の夜になってから直に電話で話すことになり、なんとか連絡がついた。

保育園の立地条件の違いに驚いたこと

長年、大阪で保育をしてきた私は、その保育園が横浜市にあると知り、写真の中で見えてくる景色の違いに納得した。横浜市には研修で出かけたことがあり、朝の通勤ラッシュの時間帯の混雑ぶりは大阪と規模が違っていた。東京へのアクセスは便利だが、いざ新幹線を降りて地下鉄に乗ってしまうと身動き一つできない。超人的な通勤混雑に見舞われてしまう。そこで、人混みが苦手な私は前日の日曜日から神奈川入りをし、横浜市港北区にあるその保育園に近い最寄りの駅に、軽装のリュック姿で降り立つことができた。

横浜市は三六〇万人を擁する大都市だが、生活の身近な場所に樹林地や農地、せせらぎなど変化に富んだ豊かな自然があり、多摩、三浦丘陵から流れ出る川により市内の水や緑の環境が作り出されている。港北区は新幹線が止まる新横浜駅ができてから横浜市の第二の拠点としても知られるようになる。

駅前の商店街に出て歩き始め、商店街から一歩中に入ると、こんもりとした木々に覆われた大きな家が軒並み奥のほうから見えた。その通りの反対側にある郵便局横の細い道を、地図を見ながら入っていった。生活の匂いがする道路沿いの家々を覗きながら歩いていく。高架下をくぐり抜けると一軒家が並んでいたので、その方向に歩き出すが、地図を見直すと方向を間違えたようで、踵を返して戻り、高架に面して左に歩き直した。すぐに道路の左前方にコンクリート打ちっぱなしの建物が見えてきた。園舎だ。門扉もフェンス作りで、外観はイメージした園舎とは少し違って造作ない建屋のようだった。ここが姫田さんの写真に映し出されていた保育園なのか。入口のチャイムを探して来訪を伝えると、インターフォンから「どうぞお入りになってください」と声が聞こえてきた。

門扉を押して中のエントランスに立つと、壁一面に保護者へのお知らせのプリントが貼ってあり、見慣れた壁面に出迎えられた。視線を九十度転換するとシチュエーションは一変し、衝立の向こうに広がる世界は出会ったことのないものだった。まるで舞台のようだ。現実社会との仕切りとなっているのか…衝立の端っこに行き来できるところがあり、靴を脱いでくぐると、目の前に白とこげ茶の世界が広がっている。左側の事務室のようなところから若い女性が出てきた。

「お荷物をそこの和室に置いてきてください。園長は今、保育中ですので、もう少しここでお待ちください」

そう言われ、入口近くにある和室に案内された。荷物を置いてから、衝立の前でしばらく待っていると、保育者らしき人が小さなこどもを一人連れてやって来た。こどもがとても小さく見えた。その奥に広がっている世界はどんなところなんだろう。

「総檜の舞台」を謳う園舎

初めに出会った女性の後ろに付いて、こげ茶色の檜の床面を歩いた。檜材は、人間に優しく暖かさがあると以前、檜にこだわって家を建てた人の話を思い出した。サンルームのような空間の間を通っていく。左側には作業台を前にして忙しそうに立ち働く人たちがいて、目が合うと元気のいい「おはようございます」の声が飛んできた。

その先の渡り廊下の左側にある部屋は、保育室のようだ。白塗りの仕切りがあり、その窓から中は薄暗くてよく見えない。右側は遮光のためか白っぽいロールカーテンが降りていた。サンルームの出入口が近づき、女性は私に気遣いながら扉を開けて、「どうぞこちらへ」と抜け出るように促した。途端に春の陽射しに包まれた大きな黒い土山が現れ、心奪われる。こどもがようやく何人かいて保育者も見つけ、賑やかな保育園の風景となった。その合間から春の風がそよぎ、前方奥の造園から木の匂いを運んでくる。私は春の風景に見惚れながら、奥のホールまで渡り廊下を歩いて行った。

ホールの入口に立つと、ホールの全貌が見渡せた。左手の奥にグランドピアノが小さく見え、ピアノを弾いている人がいる。多分、園長先生だろう。年長児らしきこどもたちがぐるっとピアノを囲んで、若い保育者と歌っている。こどもたちは、珍客の私が近づいて来ると、その様子を目で追って「だれ？」とばかりに見ていた。歌が終わってからひとしきり、こどもの前に出て軽く会釈をし、園長先生と挨拶を交わした。こどもたちは合点したように、それまで示していた私に対する興味を失い、多分、いつも通りの自然な動きを見せ始めた。

実際の保育園の様子を見て、すでに私は惹き込まれていた。お日様に光る黒土が目の前にある。もし、はるくんがここに遭遇したら…とふと考えた。珍客に反応し、声を上げて近寄って来るだろう。かつていた保育園では、誰かを連れてクラスに入るだけでも、その「大人」に興味を示し、人寂しく寄って来る子がたくさんいた。他園から人が来た時に案内するだけで、好奇心で寄って来る。それに比べて、ここのこどもたちは違っていた。全く興味がないわけでもないが、自分の時間を生きている。発達年齢…精神年齢が違うのか。

今日は月曜日。週初めに行う、こどもの日課のようなものが見受けられた。籠に衣服を畳んで入れ直している子、シーツに布団を入れている子、もうその作業が終わっているのか、自分が使う布団をホールや保育室に運ぶ子…、テラスでは雑巾がけをしている子もいる。テラスと園庭の間にある水道の蛇口をひねり、水をバケツに入れ適度に溜まったら止め、そのバケツの中で何度も洗っては絞りを繰り返している。雑巾の絞り方が板についているのに目が止まった。丸めてぐちゃっと絞る子はいない。三歳児ぐらいだろうか、荷作りをしている子や布団をシーツに入れる子のそばに、親の姿はなかった。厄介な布団のシーツ入れを、誰も癇癪を起こさずにじっくり取り組んでいるのにも驚く。目が離せない。少し大きい子がそばについていて、その子のすることをゆったりと見守っている。この三月まで二歳児だったこどもが、シーツの端っこに合わせて布団を入れようとしているのにびっくりした。保育者は、何人かのこどもと一緒にわらべ歌遊びをしていたり、ホールでリズム運動をしていたり、どこかの部屋まで絵本を持って連れて行ったりしていた。

年長組のこどもたちの朝のミーティングが始まったので、そっと後ろから参加した。先ほどの若い保育者はこどもと相談しながら、活動が決まっていくと小さなボードに名前ボタンを貼っていく。その間、こどもたちはこれからの自分の活動をどう進めるか、考えているようだった。園長はどこにいるのかと探すと、種植えに必要な物の準備をしたりしながら忙しく立ち働く様子が窺えた。あの晴天の畑はどこにあるのだろう…確か屋上にあるはずだ。そう思って見上げていると、ホール前のテラスの端で黒土の入ったバケツや小さな連結ポットを二人で並べ、土の入った袋から湿った黒土が顔を出し始め、私も興味をそそられていった。そこへ年長児の当番のこどもたちが四人やって来て、種植えが始まった。

一段落すると、「園内を案内しますね」と言って、園長のほうから、この園舎を建てるまでの経緯を話してくださった。

今いるホールの向こうには車が激しく行き交う主要幹線道路があって排気ガスと騒音が凄く、園舎の立っている南側には新幹線が通っていて、そちらのほうも騒音と振動がするという。その両方向を手で指し示して、「ここは騒音に囲まれた場所」と聞かされるが、中にいるとそんな風には思えない。

会話の中で話された「こどもに本物を手渡していきたかった」という言葉が心に突き刺さる。私自身も、こどもたちにそのことをどんなに願って保育を進めてきたか…。だが、かなわなかったのが現実である。

「檜がいろんな音も吸収しているんですね」と尋ねると、少し怪訝そうな顔をする。

「外の騒音を遮断できるように外側の壁には防音材を使用し、あとは、おっしゃる通り、床は総檜よ。天井には吸音材も使っています。来られた方は皆さん、(静かなのは)ここのホールが大きいからかなと言います。決して大きくはないのだけどね。私自身、こどもの過ごす場所の音や反響はとても気にしています。ここは、保育者たちがほとんど、こどもたちの上に言葉が飛び交うような声のかけ方はしないからかな」

その話から、騒音や排気ガスに対する対策は、採光と風を取り入れる方法は、緑を多く取り入れるためには…と、様々な問題について考えて今の園舎になったことがわかった。自然な空気、採光を取り入れるために建物の構造やどのような素材を使うのか、そこに意図も明確にあった。黒土、檜材…、日常のこどもとの生活にとって、必要で欠かせない良いものは何か、思考を生み出す環境はどうあればいいのか…それは尽きることのない工夫であり、そうした話をする園長の目は輝いていた。草屋根もその一つだろう。園舎全体の屋根は草屋根…、私は初めて保育園舎での草屋根なるものを見た。今年は修繕中で、全ての屋根を覆っているわけではないと、「もっといいところを見てもらえたらよかったのだけれど」と、園長先生のはにかんだ顔が私には眩しかった。

入園式が終わってまだ一週間。保育園としては、新年度切り替えの一番忙しい時だ。ホールから一歩出て幼児クラスの保育室と園庭を眺めたが、そこには新年度の喧騒は全くなかった。

考えられないことだった。あの喧騒…どこのクラスも猫の手も借りたいぐらい騒然としていた保育風景を思い出した。特に乳児室からは泣き声が盛んに聞こえ、手の空いた職員は泣き声を聞いて応援に駆けつけた。そんなかつての株式会社立保育園での光景を思い浮かべながら歩いていると、ここでは乳児のこどもたちはどうしているのだろう…と気になった。

「土が舞うから土山に水撒いてぇ」と声が飛んだ。

気付いた保育者が、ホースで水を撒く。水しぶきが宙を舞い、黒土と水とのきらめきが、太陽光のコントラストを醸し出し、後ろ側の造園の木々には風が舞い遊んだ。年長児の保育室を離れて歩きながら、その様子に見惚れてしまった。

「南側の真ん中に厨房を持ってきたいと考えたの。それに一番良い場所に、園で一番小さな赤ちゃんのいる保育室をね。その次に乳児のこどもたちの部屋。厨房は命を育てる源でしょ。真ん中に備えたかったの。音や匂いって五感を育てるから。小さなこどもにとって何より大事でしょ」

厨房に目をやる。テラスと厨房との間にガラス窓という仕切りがない。不思議に思っていたが、そういう理由があったのか。廊下側にこども用の背丈のカウンターが備え付けられ、こどもたちの目線で食べ物が取り扱えるようになっている。

「乳児は少し前から午前睡眠を取るようにしたのよ。そのほうが、こどもにとっては自然なようで。今ではいい効果も見られるわ。その上、園庭の使い道にもいいのが、やってみた後でわかったのよ」

午前睡眠か…と考えているうちに、もう玄関に近づいてきた。

「今日は、電話でお話ししたように、今から慣らし保育中の新入園児の保護者の学習会なの。一緒に横で聞いていてくださるかしら」

そう言うと、早足で談話室に向かう園長の後に私も従っていく。慣らし保育中に行う保育学習会とは、一体どんな風なのだろうか。

保育園の保育方針を聞いて

この保護者学習会は、新入園児が、四月当初の慣らし保育を受けている間に、親子同伴の少人数で行われていた。「お待たせしました」と今入ってきたばかりの園長先生の言葉で会は始まった。こどもにとっては早起きが大事で、朝日が昇って目が覚め、そして日が暮れて眠くなる、この体内時計を大切にしてほしいと、園長先生は当たり前のようにさらっと言ってのけた。聞いている保護者もその話を自然に受け止め、そばで小さな子がウロウロしていても、お母さんは目で追ったり抱いてあやしたりしながら話を聞いている。その光景に驚いた。

園では布おむつもしくは布パンツを使うという。「紙パンツは基本は使いません」ときっぱり話した。「えっ」と一瞬、耳を疑った。保護者は誰も静かに園長の話を受け止めて聞いている。この感覚の違いはなぜ…と戸惑った。私のいた大阪の保育園では考えられないことだった。紙パンツ使用は当たり前の上、汚れた紙パンツは園で処分していた。「保育の質」の違いは、こんな風なところにも表れていた。

現実社会との接点の中で、ここ横浜市でも、私が出会ってきたような保護者は当たり前に存在するはずだ。だが、保育に対するそんな「基本布おむつ」という提案を聞いても、目の前にいる保護者から、私がいつも感じてきたような軋轢を感じないのはなぜか。こどもにとって何が大事なのか、スパッと言い切る園長はどこかかっこ良く、それを理解する保護者に感動する。今は、どこの保育園に入る時も、園の保育方針に対する同意書を入園する保護者からもらっている。だからなのか。後で園長から聞いた話だが、同意書だけではなく、新入児の保護者説明会で保育方針について説明する時に、また丁寧にそのことを伝えるのだという。私は、紙パンツにおしっこが溜まっていても平気な保護者や、こどもの紙パンツの状態に気付かないでいる、大阪で出会ったあの若い保育者たちの姿を思い浮かべて、なんだか変な気分でいた。

もっと深く考えると、本心では「布おむつがいい」と思いながらも、「園では紙パンツは使いません」と言い切れないでいる自分はどうなのかと、そこに矛盾を見つける。以前は確かに、公立保育所でも「紙パンツではなく、布おむつか、なければ普通のパンツで過ごします」と言い切ってきていたのに、今では多様なニーズに迎合し、私自身が「紙パンツ」も当たり前という感覚になっている。漠然と大きな「相違」を感じた。

「こども一人が、園で一日十〜二十回排泄するとなると、保育者はせいぜい一日、二百回はこどものためにおむつ換えをする訳ですね。そうして、こどもの発達を見守っていますと、こどもたちも自然と自分で排泄することを覚えていきます。濡れてしまったり失敗した時は、『濡れちゃったね』と言って、そっとパンツを換えるんです。こどもは誇り高い生き物だから、決してそのことをなじっちゃいけないのね、傷つくのです。だからそっと急いで換えるの。それだけでいいので。ここは全室檜だから、防菌、消臭効果もあります」

排泄の自立が生活の自律となり、こどもは自分の生活を自分で営んでいく…その言葉に説得力があった。さっき見たばかりのここの保育園のこどものありようが、そのことを物語っているからだ。「生きること」の本質を何より大事にし、揺るがない信念で保育を進めていくことが、目の前で見たこどもたちに繋がっている。「生きにくさ」を感じさせない居心地の良さは、きっぱりとこどもの生活を最優先にして実践しているからではないだろうか。そんな風にこどもの本質を捉えた姿勢が見えてくる。

「こどもは自分で食べます。自分で口に入れ、その素材の味と出会うと、それを入れたり出したりしながら覚えていくのです。こどもが食べるのが嫌になったら、さっと引いちゃうのね。もう、そこであげない。また次の食事でいいのです。自分で食べる経験を積み重ねていきます。大人はこどもが食べやすいように、煮た野菜をこどもが握れる大きさにしてこどもの器に入れてあげるだけでいいのです」

園長の話に、保護者たちは集中していく。

「この子食べないのよと、困った顔をするお母さんがいます。少し考えてみてください。困っているのは誰ですか、その子じゃないですよね…」

しばらく黙って見渡してから話が続いていった。

「そう、お母さんなんです。こどもは自分で食べ方を覚えていくので、食べないからといってお母さんは困る必要はないの。今はこの子は食べたくないんだ、また次でいいんだ…そう思うと気が楽になるでしょ」

「ご飯はどうするのですか」

あるお母さんが質問した。

「小さなおにぎりにしてあげてね、食べやすいから。こどもはご飯大好きですよ。どの子もご飯を見たら、そこから食べるの。だから、園では離乳の時期は、ご飯はある程度、煮野菜を食べてからあげます」

説明の後で見た一、二歳児のこどもたちの給食風景では、自分で美味しそうに頬張って食べ、保育者はそばで見守っていた。それに一緒に座っている保育者の人数も多い。乳児からの保育の積み重ねの大事さがきちんと理解されて、保育が進んでいたのだった。

「こどものところで、お食事一緒に食べましょう」と、園長はまた急ぎ足で二つのお盆におかずと汁椀、ご飯をよそったのを載せて、年長児のクラスのほうへ移動し始めた。

食器も陶器で重たい。配膳の片付けも、こどもたちは当たり前のように自分たちで進めていく。先ほどの菜園当番を終えたこどもたちは、まだ食べ始めたところのようだ。よそってくださった配膳の盆をいただき、テラスでその子たちの横で私もご相伴した。七分づきのご飯と野菜たっぷりの副食二品に味噌汁には、どれにも地採り野菜が入っている。野菜の香りと風味が噛むほどに口の中で溶けていった。

当番のこどもたちは、今日の畑の様子を話しながら、お茶碗を持って手を休めない。終わったらすっと片付ける仕草に、こどもの暮らしが見えた。あの子たちもこんな風に暮らせたらと思うと、私は一体、何を大事に保育を進めてきたのだろう…と、複雑な心境になった。

食事の後、片付けを手伝ってから、今度は〇歳児の部屋に案内された。先ほどの談話室に再度入っていく。部屋の奥の光の入るほうに向かって近づいていくと、檜でできた緩やかな勾配の階段室に行き着き、春の光が優しく入り込んでいた。

陽射しが「おいで、おいで」と誘いかけ、思わず赤ちゃんが登って行く…。勾配そのものが誘い、その先に登っていくと、畳が敷き詰められた部屋にたどり着いた。アクリルガラス張りの眼下に園庭の木々や土山、そこで遊ぶ乳児組のこどもたちの姿が見えた。横に目線を動かせば草屋根が見える。園に来たての赤ちゃんがどんな風にしてここで過ごしていくのだろうと想像するだけで、豊かな気持ちに出会う。今は慣らし保育中で、お昼過ぎのその時間には、すでに赤ちゃんは帰ってここにはいないとのことだった。草屋根から向こうの端に少し小高くなった青空菜園が見えた。

「あそこは、はしごしかないのよ。あっそれと登り棒とね。年長児が当番をするんです。当番をしながら、いろんなこと見つけていくのね。畑に詳しい人にいろんなことを教わって」

園長先生の畑の話に耳を傾けた。園の近くには、自然農をする方もいらっしゃるという。自然に対する考えは、職員間でも深く話し合っていると聞いた。青空菜園を遠目で追う。草屋根と畑の領域は、まるで違っていた。

檜舞台で踊るこどもたち

お昼寝明けのこどもたちは、思い思いに布団を畳み、おやつの用意をする。園長先生はクラスの保育者と一緒に、起きている子、当番の子とおやつの用意を始めた。テラスに近いところで保育室の仕切りを上げると、部屋中に春の風が舞い込んできた。

片付けの後、そろそろお暇をしようと申し出ると、「こどもたちの阿波踊り見て」と誘われ、ホールで見学することになった。太鼓が鳴ると、すぐに体で反応する年長組のこどもたち。そこに篠笛が加わる。こどもたちは次の瞬間、体の芯から踊り出した。一人ひとりにリズムが入り込んでいく。腰の使い方、手の動かし方、どの子もまるで、この踊りが楽しくてたまらないように表現している。一人の女の子に目を奪われた。音と一体となり、そこに「祭り」が見えてくる。

私のすぐ前で、気が付くと年中組のこどもたちが、年長児の阿波踊りの様子を食い入るように見ていた。こどもたちに「次、踊る?」と太鼓のところから声がかかると、こっちのこどもたちが今度はスタンバイし始めた。年長児が終わり元の位置に戻り始めると、瞬時に入れ替わり、年中児たちが前に出て踊り始めた。緊張気味に体を動かしている様子が伝わってくる。年長児がまた、次の切り返しのリズムの瞬間、そこに混ざって踊り出す。年下の子の踊りに混じると、最初の踊りとはグンと違っている。年長児のこどもたちの仕草がぐっと大人びた。これが祭りなんだ。人と人が生み出す音楽の中で化学反応を起こし融合していく。

取材の間、時折、一人になった私の目に入ってきたのは、薄汚れて色が変わりボロボロになって干されている雑巾たちだった。大阪で、私たちは雑巾が薄汚れてくると、もう汚いからと次々に捨てて新しいものに換えていっていた。だが、ここでは違っていた。その違いに立ち止まる。消費社会が生み出す便利さを優先するあまりに、使い捨てが当たり前になっている現状が、「生きにくさ」に拍車をかけてはいないかと。私は、コンビニのおにぎりを一人で食べるあーちゃんのことを思った。消費社会の中でこどもの孤食をどう捉えていけばいいのかと、その雑巾を見続けた。まだ見えてこないが、こどもの抱える「生きにくさ」とは…私の中で何かが胎動する。

テラスと黒土との境目に置かれた物干し台に干されている雑巾を見つめ、来たばかりの朝の、こどもたちが雑巾を一生懸命絞る光景が蘇った。床の雑巾がけをし、その雑巾を大事そうにバケツに入れ、洗っては絞り、また水に浸けて洗う。自分で納得がいくまでしていた姿が浮かぶ。こどもたちの手を抜かない姿が心に焼き付き、阿波踊りをする時のこどもの手際の良さに繋がった。こんなにボロボロになっていても、まだ大事に干される雑巾が、今、なくなりつつある大事なことを物語っているかのように思えてならなかった。

黒土と手仕事（撮影：姫田蘭）

二　「共育て共育ち」の成し得ることとは

手作りの土山とは

黄色い湾曲型アーチが出迎える保育園の玄関にたどり着くと、そこからは園庭の様子がフェンス越しに見渡せた。大きなケヤキの木が植わっていて、その向こうにはでかい土山が見えてくる。当日園内を案内してくれた「鳩の森愛の詩保育園」副園長の林さんご自慢の土山だ。頑丈な黄色いアクリル合板をうまく利用して、土山の頂上から滑り降りることのできる大きな滑り台も埋め込まれてある。それも、園に来るこどもの親たちが休みの日に参加して、保育者と一緒に手仕事で作り出したものだという。林さんは、取材中に何度も、この土山づくりのエピソードを嬉しそうに話してくれた。

ここは、鳩の森愛の詩瀬谷保育園。横浜市瀬谷区にあり、元々は公立保育所だった瀬谷保育園を民間移管によって「社会福祉法人はとの会」が受諾して現在に至る。園舎も新しく建て替えてあり、園庭には、前述の通り、独創的な造園が施されていた。

　この園では、今の社会の中で希薄になりがちな人と人との繋がりが自然に持てるような取り組みが行われていた。どのようにして保護者を巻き込んでいくのか。土山づくりの面白さを夢中になって話す林さんから、その巻き込んでいく活動の面白さが滲み出てきた。現在は、鳩の森愛の詩保育園の副園長を勤めている林さんだが、昨年度までは、この瀬谷保育園の職員であったという。当時の様子を思い浮かべながら話す様子から、「共育て」の様々な話を伺うことができた。どんな園庭を作っていくのかを一緒になって考え進める中で、親たちも一緒に汗をかいてその工程に参加し、保育者や他の親たちとの交流を深めていったという。

　保護者にしてみれば、我が子のためにとやり始めたことだが、気が付いたら参加者の中で一緒に一人の大人としても楽しんでいて、アフター交流でより親近感が湧いていくと。その時間が大事な時間となると、林さんは言う。

「お茶を飲んでの交流だけでは、ここまで信頼は深まらなかったと思う」と言い、作業の終わりにはビールなどを飲みながら自分たちの行ってきた仕事を振り返り、話をしているうちに、保護者間、保育者と保護者の交流が深まるとのことだ。そのことがとても大事だったと振り返る。

「会社では孤独であっても、休みに保育園でこどものための手仕事を通して、かけがえのない『仲間』と出会うんですね。初めは一人で仕方なく参加している風のお父さんも、回を重ねるごとに他の参加者と交流が進み、趣味の話とかにも花が咲いてきて、いろんなイベント作りにも発展して…また次を楽しみにされるようになるんです」

話を聞いているだけでも参加したくなる。

土山で過ごす

園舎内を林さんに案内されている途中、もう一度、室内から土山を眺めると、間伐材をうまく利用して段差を構成しているのが見渡せた。地面との仕切りになるところにも、ちょうどいい太さの間伐材が配置されている。一歳児のこどもがそこに腰かけて砂遊びに夢中になっていた。節々には植え込みがあり、春の草花が陽だまりを作り出していた。たくさんのタイヤも埋め込まれ、木陰ができるようにと若木もあり、そこを木登りするこどもの姿も見られた。

少し幼い子が、枝木に両手でぶら下がって、木の幹に両足をかけてもう一つ上に上がろうとするのだが、小枝が邪魔してうまくいかない。その横で年上の女の子が、必死になって登り方を、身振り手振りで教えている。また、少し左手のほうでは、四人の二歳児の男の子たちが何やら相談していた。そのうちの一人が、みんなに想いが伝わらずにプイッと離れてしまうが、時間が経つとまた戻ってきて、必死になって話し始めた。後の三人のこどもたちはその場で下を向いて動かず、首を横に振ったり、耳元で相談したりしている。こどもが自分の時間を生きるって、こういうことなんだろうと、その姿を見て感じ入った。

林さんが嬉しそうに話す背景に、人と人との繋がりの面白さがあり、希薄になりがちな大人の繋がり育てが身を結んでいることが窺えた。安定した保育基盤が生まれている。それも、ここの園では、若い保護者と対応するエネルギッシュな保育者が、男性女性双方ともにいる。その存在が大きいと感じた。懐かしい、今、六、七十代になる私もしくはその上の世代が、子育て中に経験してきた共同子育ての原点「こどもといる大人の暮らし」を見る思いがしてならなかった。

愛を感じられる保育の場

その日、私は早朝七時過ぎにはホテルを出て、横浜市泉区にある「鳩の森愛の詩保育園」に向かった。

ＪＲ南武線で川崎駅に出てから横須賀線に乗り換え、混み合う電車で横浜駅まで乗り継いだ。横浜駅のコンコースに出てから相鉄（相模鉄道）の駅構内を探しあて、電光掲示板でいずみ野線の乗り場を見つけた。ホームに乗り入れていた電車に飛び乗るとすぐに扉は閉まり、電車に揺られて弥生台駅に向かう。

乗り換え案内の路線図で見ても今回の場所は遠く感じたが、相鉄に乗るまで思ったより時間がかかってしまった。慌てて飛び乗った電車は、それまでの人混みとは違いのどかな風情が漂っていた。私は思わずほっと一息ついて、それまでのことを思った。そして、鳩の森愛の詩保育園になぜ行こうと思ったのか…そのことを考えた。

今から向かう鳩の森愛の詩保育園は、汐見稔幸さんの著書『こどものサインが読めますか』（女子パウロ会）に出てくる。本を手に取りページをめくっていくと、「愛を感じられる保育の場」という項目を見つけることができる。「愛を感じられる」とは…今どき、そんな保育園があるのかと少し目を疑ったが、書かれてある内容を読み進めると、共同保育所として出発したその園では、卒園を迎えるこどもたち一人ひとりに保育者が作った「詩（うた）」を手渡して、たくさんの人に祝福されながら卒園していく様子が描かれていた。

その当時、私は、勤めていた園の生活発表会の取り組みの中に身を置いていた。前年まで園長として勤めていた株式会社立保育園では、できる限り職員の発想を生かし、こどもたちにとって「無理のない」内容で進めてきた。「保育生活」を発表するのだから、日頃の保育園での「暮らし」が伝わる無理のない内容で進めたいというのが本音だった。そう職員に伝えても、色々な考えの保育者がいて、解釈はそれぞれ違っていた。一様に保育者が困っていくのは、「生きにくさ」の中にいるこどもたちの姿だった。

保護者に見てもらう舞台に立つと、みんなが大事にしている「間」を壊したりする子もいた。面白くないと舞台の上で寝っ転がったり、ふざけて大人の注意を引こうとしたりもする。保育者たちは、ハラハラしながらそのこどもたちと関わっていた。園長の前ではいい顔をして追従する保育者こそが厄介で、保育室に戻ると一変して、思い通りにいかないこどもを座らせ叱っていることもある。こどもは楽しいこと、気持ちが発散できることなら無理なく参加するが、それまで保育の中で保育者が力任せに威圧をかけたり、その子たちの心を無視して保育者の思い通りに教え込むやり方で進めていると、彼らは本番で「本領を発揮」する。無表情になって動かなかったり、舞台を壊すという違った表現を試みた。そのたびに、反省会でこどもの姿を話し合った。

その頃のことを思い出しながら、通勤電車の中で本を広げ鳩の森愛の詩保育園のシーンを読み進めると、ますます惹かれていった。汐見さん自身もこの保育園に出会って感動されている。人と人とが繋がり合い、こどもをその真ん中に置いて祝福するという、そんな現場に行き、どのようにして保育が進んでいるのか、どんな風に実現しているのか見てみたい…そう思い立ち、メールを送ったのだった。

弥生台は、地勢的には多摩丘陵の南端にあたる。駅に降り立ったのはちょうど九時になったばかりであったが、辺りは閑散としていた。弥生台駅は泉区にある。泉区のホームページを繰ると、その辺一帯は『戦後はベッドタウンとしても発展し人口は増加の一途をたどって行った』と記されている。一九八六年に入ってから、大元の戸塚区から、戸塚・泉・栄の三区への分区が行われ、泉区は「泉が湧き出るように、若い力が発揮される」そんな区になってほしいという意味を込めて、区名に「泉」が付けられたとあった。

また、相模鉄道についても言及してあり、それより十年遡った一九七六年に、二俣川から南に延びる新線いずみ野線を新設し地域開発に取り組んでいる。弥生台駅はそうしてできた駅であり、鳩の森愛の詩保育園が共同保育所としてここにできた背景には、ここから都心に向かって仕事に出かける当時の共働きの若い親たちにとっての、仕事と「子育ての支えの場」として、必要不可欠なものであったことが窺えた。

駅のホームに降り立つと、目に飛び込んでくるのは緑の葉っぱたち。改札を出て視界の広がったところで、公園が左に見えてきた。少し坂を上ったところに、鳩の森愛の詩保育園の看板が見え、年季の入った木の塀に沿って下っていくと、愛の詩保育園の園庭風景に出会えるのかとやや緊張した。約束の時間より少し早いが、思い切ってチャイムを鳴らした。

「おはようございます。山名です」

左手に見える園舎のほうから、男性保育者でもある副園長の林さんがにこやかに現れた。

「どうも～、よく来てくださいました」

林さんに案内されたのは、保育園ではなく、右手に見える「せぬママ」こと瀬沼静子さんの居宅であった。案内された居室でしばらく待つと、瀬沼静子さんが柔和な笑みを携えて現れ、私はいっぺんに緊張が解けた。

「山名さん、どの本なんですか。あなたが、たくさんある保育園の中でここまで来られるきっかけを作ってくださった、汐見先生のお書きになったご本というのは」

瀬沼さんに聞かれ、リュックから本を取り出し手渡した。瀬沼さんは本を手に取り、しげしげと眺められた。

「そうでしたか。この本ですか。汐見先生にはお世話になりました。園にも来ていただいて、私たちもたくさん勉強させていただいております」

初対面の私にも気さくに話しかけてくる瀬沼さんは、ストレートで屈託のない話し方をする。瀬沼さんと出会った瞬間に懐かしい気持ちになったのは、どうしてだろう。

「せっかく、ここにお越しいただいたのですが、実は急な案件ができ、ここから車で十分ほどのところにある鳩の森愛の詩瀬谷保育園のほうに行かなくちゃならなくなったの。だから山名さんにも、そちらの園を見ていただくことにしました」
そのように予定の変更を告げられた。瀬沼さんの居室で少し話してから、法人の人が車で迎えに来てくださり、私もその車に乗車して、瀬谷保育園に向かうことになった。
瀬沼さんの居宅を後にする時に、ピアノの音と一緒に、保育者の大きな明るい声に混ざり合って、元気いっぱいに歌うこどもたちの歌声が聞こえてきた。公立保育所にいた頃の保育風景とだぶり、私自身が公立保育所の保育者出身だと伝えると、瀬沼さんご自身も、ここの保育園を作る前は、公立保育園で勤務していたと話された。（※鳩の森愛の詩保育園編集、汐見稔幸監修の『共育て共育ち　鳩の森愛の詩保育園』（小学館）の中で、働きながら子育てをする父母たちを支援する、瀬沼さんたち保育者の心の在り方や父母の保育に対する思いが詳しく書かれている）
移動の車の中では、東日本大震災の時の話になった。七年前に起きた福島原発事故に伴い、神奈川県にも放射能の風が吹いてきていることを深刻に受け止め対応したという。畑にはブルーシートを覆い、散歩に出かけるのも控えたと当時を思い出して話してくださった。瀬沼さんたちにとって福島のことは遠い昔のことではなく、今に続く出来事であった。

「津波を受けた地域の人たちのことを思うと、いてもたってもいられなくなって、私たちにも何かできないかと考えてね、スタッフと一緒に炊き出しに出かけたんです。気仙沼へね。炊き出し道具をハイトワゴンに積んで、スタッフも何台かの車に分かれて、乗り込んで出かけたんですよ」

熊本大震災の時にもすぐにボランティアに動いたという。話を聞いていると、困った人がいたら、なんとかしなくては…という思いが伝わってくる。それが一番の行動の起点のようだった。

「できることをね、やろうと思ったんです」

福島原発の事故が起きてすぐ、現地のほうではどうなってるのか心配になり、普段から交流のある保育園と安全確認の連絡を取り合ったそうだ。

話しているうちに車は瀬谷保育園に着き、私は園の事務所の奥にある談話室のようなところに案内された。そこで瀬沼さんとの取材の時間を取っていただき、当時の卒園式の様子について直に話を聞くことができた。

「詩（うた）」を贈る卒園式

ひなちゃん
あなたのお母さんは前向きで一生懸命ね
私たちが立ち往生して悩んでいる時、
いつも熱いメッセージで励ましてくれたの
あなたもおじいちゃんやおばあちゃん
仲間のよりどころになって
元気を分けてあげることでしょう
穏やかな気持ちで春を待ちましょうね
さくらの花が咲く美しい春を
『ひなちゃんのうた』より

「汐見さんの本の中にも書かれてあったんですが、卒園式でこどもたち一人ひとりに、その子その子の歌を作ってプレゼントをするというのは、どうして始まったんですか」

一番聞きたかったことを、私は尋ねてみた。

するとと瀬沼さんは、私にその当時のCDを手渡してくださった。瀬沼さんは宙を見つめた後に、柔和な顔を向けて話し始めた。

「それが、ほんとに思いつきで…卒園した後にもこどもたちに残るようなものが何かないか…、私たちに何かできないかって考えたわけです。保育者たちと考えていると、たまたまお茶飲みをしている時に、詩（うた）を作ろうかと、ほんとに思いつきで言ったのですが…、それがいい、やってみようと、そこから始まってね…。そうして詩を作ることになりました。その様子をこどもたちは見てるんですね…。出来心で保育園も作ろうかとやり出したように、詩も作ろうかということになってね。ところが想いと言葉が合致しないこともあって、詩ができるまで悩んだり苦しかったりもするわけですよ。その子のことを見ていないと、詩はできてこない。でもこどもが待っていると思うと、どんなに苦しくてもやめられないのね」

そんな風に話しながら当時の苦労を思い出されていた。

「きれいごとではすまされない。私たちは、本当にこの子のことを見てきたのかって、詩を作る最中に、自分の至らなさも含めて突き詰めていきました。それにね、こどものほうからもいろんな思いが出てきてね。『先生、こんな風な場面を詩に入れてほしい』とか、保護者からも『あのエピソードを詩の中に入れてほしい』なんて、期待して注文も出てくるんですね。…でも、そうじゃないのね。私たち保育者が、詩を通してその子その子に向けて何を伝えたいか…そのことを考えるわけですよ。これから生きていく上でどんなことを大事にしてほしいか…そこがとても大事なことだったんです」

瀬沼さんは、そう言って当時の思いを語ってくださった。

運動会が終わる頃から詩づくりが始まり出すのだと、瀬沼さんは言う。職員の中でこどもたち一人ひとりを見つめてきたことを話しながら、その子の抱える背景も含めて六年間の出来事を思い出す。十二月頃までに、それぞれに詩が出来上がり、それから作曲家の人に依頼して一つ一つの詩に曲をつけてもらい、年内には曲も上がって来るという。一月に入ってから、作曲者から教えてもらう場も作って一緒に歌う保護者に渡していき、歌の練習が始まっていく。卒園式の時には、卒園児の保護者だけではなく、他にも一緒に歌う保護者やこどもたちも交えて共に合唱団を結成して歌うとのことだった。

全て違う一人ひとりの曲を覚えて歌ってお祝いすることは、歌うことに出会ってない保護者にとっては、並大抵のことではないと瀬沼さんは話す。

「イヤホンでね、録音した曲を聴いて、楽譜に赤いペンで印をつけてね、その歌を覚えていく保護者の方を見ると、もう…すごいなって、かえって（保育者の）私たちが勇気付けられるんですよ」

瀬沼さんはその詩を卒園証書に手書きする時、一つ一つその子のことを思いながら書き入れるという。卒園児たちは、その証書をみんなの真ん中でもらって、その詩を歌ってもらうのだそうだ。鳩の森愛の詩保育園の卒園式では、たくさんの人に祝福されてこどもはその真ん中で祝ってもらう。

一人ひとりの詩を作るとは膨大な作業でもあり、はじめの頃は勢いもあり、どんどんその勢いで取り組めたそうだが、五年が過ぎる頃、こどもの詩をみんなで作る取り組みが夜も遅くまで続くと、本当にこれを続けていいのか、保育者の負担になっていないかと考えるようになり、何度もやめようかと悩んだと瀬沼さんはいう。月刊のお便りで、そのことを職員や保護者へ投げかけていく。保護者からも、詩づくりが保育者の負担になっていないかという心配の声が寄せられ、また別の方からは、こどもたちが「次は自分」「年長さんになったら、自分の歌ができる」と楽しみにしているといった様子や、おじいちゃん、おばあちゃんも一緒になって期待していること、卒園したこどもたちの気持ちなど、多くの家族の思いも寄せられてきたという。

当時の合唱曲が録音されたCDを、その場で瀬沼さんと一緒に聴かせてもらったが、想像していたような手作り風の歌とは違っていた。本格的な混成合唱曲だ。私は詩に目を落とした。一人ひとりのこどもの名前と、そこにひらがなで詩が綴られてある。その詩は、夜な夜な保育が終わってから保育者たちが編み出した言葉で綴られていた。綺麗な言葉というより、人としての温もりを感じるものだった。

「こどもたちは、大勢の人の真ん中で、嬉しそうに歌を聴いているんですよ、みんなに祝福されてね」

瀬沼さんの言葉からも、卒園式の感慨が伝わってくる。並大抵のことでないことも。これまでの自身が出会ってきた卒園式を思い浮かべてみた。

大阪市立保育所での「修了を祝う会」

ここで、六年前の保育現場を思い返してみた。

年長児クラスを担任していた時のこと。そのクラスは年が明けてからも、まだ落ち着かない子が数人いた。クラス全体のこどもの心は落ち着いてきていたものの、数人の男の子がふざけ、みんなが一生懸命する場面で茶化して、その場を壊してしまう状態であった。大事なことを丁寧に伝えたくて、私たち担任は、繰り返しその子たちと向き合っていった。「なんで人としての大事な思いが伝わらないのか」と、ずっと悩んで関わってきていただけに、自分の保育の至らなさとも向き合い、若いもう一人の担任と二人で話し合って、どうしたら、このこどもたちの心に大事なことが届くのかと考え続け、私たちは最後まで諦めずにこどもと向き合っていった。

二月の後半のこと。修了に向けての取り組みの中で、これまでのこどもと振り返ってきた思い出の言葉と大事な歌をこどもたちに渡していくと、女の子の幾人かが泣き出した。そして「せんせい、もうすぐ、ほいくしょとおわかれするねんな。うちな、ほいくしょだいすきやのに…うたってたらなみだでてくる」と呟いた。その様子に大方のこどもはしんみりするが、その男の子たちは、それでもまだまっすぐ受け入れられず、斜に構えて笑っていた。

たった六年しか生きていないのに、すでに人と繋がることに拒否感を持つそのこどもの様子に、私たちは苦しんだ。自分たちが大事にしたいことが伝わっていかないもどかしさに。大阪市内の今どきの保育所の風景でもある。

修了を祝う会を前に、保育者の中からは「歌うなんて苦手やわ。覚えるのも今からできるか不安」という声も意見として出てきたりした。何人かの熱い職員の思いが優る時には職員の歌は盛り上がっていくが、それすらも「簡素化」を願う職員が多数になると、なくなる傾向にあった。

二〇一三年度には、大阪市の公立保育所ではついに職員に成績の順列がついた。人事考課で職員自体が点数で評価序列されるようになってしまったのだ。人として助け合ったり、こどもに愛情を持って伝えたい思いも、自らを査定される現実の中では、「失敗をしてはいけない」と、人との関わりにも疑心暗鬼が顔を出してくる。こどもの荒れた現実に追われて大事なことを失いかけている現状は、保育者自身が追い詰められた中で知らず知らずのうちに進んでいたと言える。

一人ひとりのこどもたちへの保育者の願いや想いは、一緒に育ち合ってきた保育園の職員みんなが繋がってこそ、その温かいぬくもりのある「歌う」空間が生まれてくる。私は大阪では言葉を失っていたが、鳩の森愛の詩保育園に来て約一時間余り、瀬沼さんから話を聞いている間、豊かな気持ちに包まれていた。ありのままのこどもの存在そのものに意味があるということや、保育園で育つ過程の中でこどもが輝いてきた事実、これから出会うであろう様々な難関を乗り越える力を手渡していきたいという願い…、それらがあってこそ、湧き上がる未来が見えてくる。明日に向かって生きる希望やエネルギーがそこに込められていくのだと感じていた。

瀬沼さんは、保育者が実際に目の前にいるこどものことを語れるかどうかが問われていると、こどもへの愛情を持つということとその厳しさについて、詩づくりの保育の話を通して話してくださった。

人は宝、こどもを真ん中において繋がっていくとは

瀬谷保育園のエントランスホールにはコミュニケーションフロアーがあり、古い園

舎で過ごしていた時の記念写真がいくつか飾られてあった。今の園が新しくなってここに開園したが、その礎は古い園舎の時の保育者、保護者との繋がりにあると、案内しながら林さんは言う。

「このウェルカムボードは、前の園を取り壊す時に残しておいたものを土台に使って作ったんです。この写真も、卒園児がやって来て懐かしそうに見るんですよ」

林さんは写真とウェルカムボードを、目を細めて眺めた。

「人は宝です。あの時代があって今があります。保護者も、こどもたちにもいつでもここに来てもらえるように、このフロアーがあるんです」

その言葉に、大人がいて、こどもがいるんだと思い知る。

二階には幼児クラスの保育室があった。三、四歳児クラスは一緒にお散歩に出かけているところで、三歳児の部屋には散歩に行けない三人のこどもと保育者がいた。部屋を覗くと、その子たちが林さんや私を見つけて寄ってきた。初対面の私に自分たちのおもちゃを見せて、ままごとの場所の使い方の説明もしてくれた。四、五歳児保育室を覗くと、中は合同の部屋になっていて広々としている。グランドピアノもあり、行事の時のホールとしても使うとのことだった。保育室の奥のほうにはオープンキッチンがあり、炊飯ジャーから湯気が上がっていた。

「ここで年長児のこどもたちが食事の準備をしたり、クッキングも楽しんだりできるようになっているんです」

林さんの説明を受けて、その手前に目をやると、七、八人ぐらいのこどもが、模造紙を二枚張り合わせたくらいの大きな紙に、一人のこどもの絵をみんなで描いていた。

「誕生児の子の絵なんです。みんなでその子におめでとうと言ってお祝いするために、誕生日会までにその子の絵をこうしてみんなで描くんです」

それから、ベランダにあるらせん状の階段を上って屋上に上がった。園庭を見下ろすと、二階から見るより土山が小さく見え、園庭の全景が見渡せた。林さんは続けた。

「結構、フェンスの外からもお父さんたち、よく見ているんです。自分が参加して作った園庭で我が子が遊んでいたりすると、もう嬉しくなっちゃうのね。フェンス越しに見ていてお父さんは思うわけ。ちょっと、あの丸太の端のところ、こうしたほうがいいかな、あそこ変えてみよう…なんて、自分で作ったから無関心でいられないんです」

エピソードは永遠に続きそうだった。

それから林さんは運動会の話をしてくれた。瀬沼さんにも聞かされていたのだが、運動会の取り組みは、今まで進めてきた内容と大幅に変えたという。ここ瀬谷保育園でもそのようだ。真ん中に存在感のある土山があり、それを使って運動会を行うと林さんが話す。保護者は、こどもの活動の邪魔にさえならなければ、どこで見てもいいそうだ。

「知恵を張り巡らしてねえ、進めるんですよ。山名さんもどうですか、一度見に来ませんか」

この大きな土山を使って、一体どんな運動会が展開されるのだろうか、想像すらつかなかった。

「土山を使ってリレーもするんです。それがまた面白いんですよ。平坦なところでするリレーよりも、ずっとずっとね」

林さんの言葉が心の中でこだました。

帰り際に、会議の終わった瀬沼さんと再度出会い、お別れの挨拶をする。大阪のこどもの状況を少し話すと、虐待やネグレクトなどの問題は鳩の森愛の詩保育園でも後を絶たないと聞いた。厚労省の示す虐待件数は、大阪市に次いで横浜市も多い。ここでもこどもの「生きにくさ」は増してきていると瀬沼さんは言う。大人もこどもも、人との繋がりの中で温もりをもらい、そこで安心して力を育む。若い保育者たちが保護者と共に向かっていく姿に希望を見つけた。

私は、保育の原点には人がいて、人が人を助ける時に支え合う気持ちが生まれ、こどもも共に育っていくのだということを胸にして、瀬谷保育園に別れを告げ相鉄の三ツ境駅に向かった。

第三章

福島と広島を訪ねて

絵かるた　カブトムシ（すばるくんの好きな虫）

一　「福島で生きる」ということ

あと少しで保育職を終えるという実感が湧いてくると、走り続けてきた仕事の合間で「仕事があるから行けない」と、それまで避けて見ようとしなかった現実に目を向けたい思いが強くなってきた。

二〇一八年三月、東日本大震災からの七年。七年経ったその時も、私にとっては原発事故後の福島がどうなっているのか、実際の震災後の被災地がどうなっているのか…と、遅まきながら、その場所に立たないと見えてこないことがたくさんあるのではないだろうかと思うようになっていた。それに、ボランティアで友だちが被災地に出かけた話を聞くたびに、何もしていない自分に対してどこかで後ろめたい思いに駆られていた。震災で起きた被災地の現状に、自分から足を踏み入れること…それは、私の中では、こどもの「生きにくさ」を知ることや、世の中の「事実を知る」ということを進める上で、どこかで大きなウェイトを占める問題だと思うようになってきていた。

除染、作物の風評被害、帰りたくても帰れない被災者たちの現実、取り残された動物たちの今、各地方で起こる「被災地福島」に対する差別、テレビ報道で見聞きする話題は、それらの現実を断片的に伝えていた。

その中で、いまだに心に焼き付いて離れないシーンがある。朝の出勤の用意をしながらテレビをなんとなく見ていた時のこと。私の眼に飛び込んできた映像は、福島の危険区域を示すものとして、人が立ち入れない通行規制ゲートを映し出していた。アナウンサーがそこに立って話し始める。次の瞬間、場面が変わり、周辺の里山の風景を遠巻きに映し出し、ある動物に焦点を当ててカメラが追いかけていった。イノシシだった。こちら側に迫ってくるように現れてから、カメラを意識したのか誰もいない人家にそそくさと入り込んでいった。その中には生まれてきたばかりの野生のイノシシの子もいた。そこに住み着いているらしい。家の周りには雑草がボウボウと生え、人家の中には古びた生活用品が雑然と転がっている。街に人影はなく、時間は七年前に止まったまま。過去に人の往来があった様子がドラマのように映し出され、猫や犬がさまようようにして生きている姿…も見られた。

この七年間、人里から人は消えたまま、動物やその地域そのものが「放射能」の被害を被っている様子を、その映像は静かに物語っていた。

原発事故―、その事故の重大さや被害の深刻さは映像からも漠然と想像できた。その地で住むということは、そこにいる人たちの思いは、…と心を寄せようとするが、想像するための事実も見つけれず、自分の心がのっぺりしていた。

インターネットで調べると、福島県の放射線測定マップが検索できる。七年経った今も、放射線量が二・五マイクロシーベルト以上の赤色を示す箇所が表示されていた。帰宅困難地域の除染は進んでいっているとはいうものの、その除染したものを貯蔵する施設の建設や場所についても、様々な検討が繰り返されていると言われていたが、環境省のホームページを見ても、復興はまだまだ先のことだと物語っている。「安全でクリーンなエネルギー」と、かつてコマーシャルでも啓発してきた「原子力発電の安全性」は、この事故を通して虚構に過ぎないことが明らかになった。何年経っても元には戻らない原子力発電の事故を通して、私は福島に住む人たちに遅まきながら想いを寄せていった。

「青空保育たけの子」との出会い

二〇一八年三月十一日、在籍中の大阪文学学校の通信教育クラスのスクーリングに参加した時のこと。合評会が終わり、夕方の交流会が始まると、司会者の方から福島から来られていた学友の紹介が行われ、福島の現状についての報告を受けることになった。その場で、ひょっとしてこの女性から福島の保育現場のことが聞けるかもしれないと思い、報告が終わってから尋ねてみた。

「福島原発事故が起きてから、福島での今ある保育園、あるいは幼稚園現場の状況を取材させてくれそうなところをご存じないでしょうか」

すると、思い当たるところがあるが、今すぐには思い出せないとのことだった。

後日、その女性から二通のハガキが届いた。一通目には、福島の実態を知るには、黒川祥子さんの著書『「心の除染」という虚構』（集英社インターナショナル）を読んでみてほしいという内容が書かれてあった。

二通目のハガキは、翌々日に出発を控えた金曜日に速達で届いた。

そこには、「青空保育たけの子」という保育現場を訪れてみてはどうかと書かれていて、その連絡先とホームページアドレスの記載があった。ホームページを見てみると、「青空保育たけの子」の活動の本拠地が米沢にあることがわかった。ホームページの冒頭にある紹介文章に、「東日本大震災による福島原発事故から五年…」という見出しで活動の経緯が次のように記されてあった。

原発事故によって十四万六千人もの方々が、住み慣れた場所からの長期の避難を余儀なくされ、そのうちおよそ十万人の方が今でも元々住んでいた場所に帰還できずにいます。

青空保育たけの子には今年度も入園があり、希望者は毎年増加していますが、そのほとんどの方が放射能による影響から長期の県外避難をし、今年から福島市へ戻ることを選択した方です。

その保護者さんから「たけの子が福島市から米沢市へ移動して保育してくれて本当にありがたい。冬は雪の中、峠を車で越えるのはリスクがあるけれど、福島市の野外で遊ばせるリスクを考えたら、車で峠を越えるリスクのほうを選びたい」という声をいただいています。

私たちは震災以降、福島市から米沢市までの片道五十キロ一時間の距離を、こどもたちをバスに乗せて移動し、毎日活動を続けてきました。園児がいる限りこれからも活動は続けていけます。（※現在のホームページでは、設立趣旨書として掲載内容は整理されている）

片道五十キロを一時間かけて往復するとは…その行動に何かしらの決心が伝わってくる。すでに取材に出かけるのは明後日の日曜日と迫っていて、今回の取材では米沢には行けずともせめて福島にある「青空保育たけの子」の拠点で、こどもたちの記録や「福島で生きる」ための活動の記録を見ることはできないかと、諦めきれずに代表のアドレスにメールを入れることにした。

連絡を入れるとすぐに返信のメールが入り、私はラッキーなことに代表者の辺見さんと、四月十一日水曜日の朝に福島駅で出会うことになった。

福島駅には約束の時間よりもかなり早く着いたため、プラットホームからゆっくり階下に降り駅構内を見渡した。大わらじと喧嘩祭りの屋台が展示されている。それらを眺めていると乗降客の姿はすでに消え、駅構内は閑散としていた。「福島」…一体、福島の今はどうなっているのだろう。これから見るであろう事実を私はどう受け止めていけばいいのか…。考えなしで思いだけで突っ走っているようで、もう一度、取材ノートを広げて、何が見たいのか、聞きたいのかを整理した。そのわずかな時間に、私は福島にいるということに緊張しながら過ごしていた。

しばらくして、待ち合わせの福島駅西口コンコースに出向いた。携帯電話のベルが鳴り、電話の向こうから辺見さんの元気な弾けた声が聞こえ、スマートフォンを片手に持って話しながら探していると、勢いよく走り寄って来る辺見さんを見つけることができた。お互いに思わず笑顔がこぼれる。

「今日はありがとうございます。山名です。お忙しいのに、わざわざお休みまで取っていただき、恐縮しています」

「いいえ、遠いところよく来てくださいました。さっ、行きましょう」

除染土とモニタリングポスト

爽やかで力強い笑顔を見せる辺見さんは、行動力に溢れていた。急な取材に応じるだけでなく、こちらの取材の時間に合わせて急遽休日を取り、福島市内の他に米沢の「たけの子」の本拠地まで車で案内してくださるという。

「米沢まで行くのに時間はそんなにないのですが。まずは福島市内を案内しますね」と、辺見さんは乗車するとすぐにハンドルを動かした。乗ったかと思うと、思い出したかのように車を止めて、「そうそう、まずあそこにあるのを見てきてください」と、駐車場の向こう側にある白いモニタリングポストを指し示した。

モニタリングポスト

モニタリングポストとは…大阪ではなかなか聞き慣れないこの物体は、福島では日常的に存在するものであり、後日、原子力安全委員会のホームページで調べると、福島県放射能測定マップの記載内容として次のように書かれてあった。

「モニタリングポストとは…原子力施設から排出された空気中の放射線量の変化をいち早く把握することを目的に、その場所の放射線量を「空気吸収線量率」（単位：マイクログレイ／時）として測定し、表示している」（参考：一マイクログレイ／時＝一マイクロシーベルト／時。因みに大阪府の熊取町役場では〇・〇三五マイクログレイとあった）

それは白いドーム状をして立っていた。そのすぐ上に、一八インチぐらいのパソコン画面のような電磁パネルが空に向かって斜めに備え付けてある。少し下には電光掲示板があり、放射線量の数値を示していた。福島駅横のパネルでは〇・一四二と示されていた。その数値の欄外に毎時マイクロシーベルトとある。

原発事故当時は、福島市内では四マイクロシーベルトから五マイクロシーベルトあったと辺見さんは言う。事故を起こす前は、〇・〇四マイクロシーベルトぐらいが毎日の標準だったそうだ。「今でも、決して放射線量は低いとは言えない」と続けて辺見さんは話した。事故が起きてから、福島市内ではこどもたちが安心して外に出れない日が続いていて、七年経った今でも空中の放射線量を意識せずに戸外で過ごすことはできないという。福島市内の吹き溜まりの落ち葉などが溜まる場所で放射線量を測ると、今でも二ないし三マイクロシーベルトのところがあると、自主的に線量を測る市民グループが発言している。かつて放射線量が多い時期、こどもたちは福島県外に避難するか、避難しないこどもたちはビルや室内にある遊具を使って遊んで過ごしたのだそうだ。福島市から研修でやって来て出会った保育士が、七年間泥んこ遊びができなかったと話していたのを思い出す。今、小学校に上がるこどもたちは、戸外での泥んこ遊びを経験しないまま小学校に上がっているし、震災後に新卒で保育園に就職した保育士は、こどもと一緒に泥んこ遊びや屋外でのプール遊びの経験をしないまま七年間を過ごしてきたことになる。私はこどもにとっての「七年間」の時間の大きさを改めて考えた。

「こどもは外で、自然の中で遊ぶ時にたくさんのことを見つけて学ぶんです。それが何よりもの教育だと、私たちたけの子では考えているんですよ」

辺見さんは運転しながら話を続けた。

元々は、福島市内に里山があり、そこでこどもたちと過ごしていたのだそうだ。虫を捕まえたり、自然の中を探索して遊んできたという話を聞きながら、福島でこどもと生活を営むことは、辺見さんにとって原発事故が起きるまでは、できなくなるなんて考えたこともない「当たり前のこと」だっただろう。事故が起きた次の瞬間、当たり前がなくなってしまったことにどう対応していいのか戸惑ったと言い、辺見さんは私にわかるように、細かな生活のことを話してくださった。

次に案内されたのは、大きなビルが二軒連なって建っていたところだ。その前で、車は一時停車した。福島市内は道路も広々としていてクリーンな街の印象を受けるが、建物が箱型で結構横に大きいものが多い。空が広く低いところにあり、大阪のごみごみした街にある高層ビルの合間の、切り取られたような空しか見ていない私には、地の利の良さを感じた。

目の前には「こむこむ」とロゴタイプのひらがなで書かれている建物があった。「こどもが遊び学べて過ごす公共施設」と説明書きがある。隣は、ＮＨＫ福島放送局だ。現場で車から降り立ち、写真を撮った。その他にも市内にある病院や公共施設を回っていただいた。どこも、事故後に迅速にこどもたちが室内で過ごせる空間を作り、「健康に過ごせる」場所づくりが進化していったと、外観から遊び場所を教えてもらった。病院や郵便局の施設の近くには、モニタリングポストがまるで郵便ポストのようにして立っているのが、深く印象に残った。

「これから、先に信夫山（しのぶやま）を案内しますね。先ほど山名さんが聞かれていた『森のようちえん』としての福島市内で活動を行ってきた、もともとはたけの子の遊び場だったところです」

そう言いながら、辺見さんはアクセルを踏んだ。市内のビル街から少し緑のこんもりとした里山の見える方向へ進み、信号が赤で停車すると、辺見さんはその山のほうを指差した。

「山名さん、あの山の上のほう見えますか。銀色に光るコンパネ…そう、そこにあるでしょ。あそこが信夫山公園の頂上なんです。あの箱の中に放射性物質があるというの」

彼女の指差す方向に見えるものを目にした時には、今まで見たことのない光景に異様さを感じた。自然の中にある不自然な物体に、これから近づいていくという。

「信夫山って、福島市内の桜の名所なんですよね。先ほど駅の近くでポスターを見つけました」

「そうなんですよ、以前はね。桜を見に来るたくさんの人で賑わっていましたし、私たちがここ信夫山を拠点にして過ごしていたのも、自然の宝庫だったからなんです。

春には野草も見られ、夏には虫取りをして…。カブトムシやクワガタもいる、いわゆる里山ですよね。こどもたちといろんなことして遊びました。そして、卒園式もそこで行っていいたんですよ」

信号が青になって車は発進し、建物の間を通り抜けて山側に入っていった。

「今は誰も来ない場所になってしまいました。その変わり果てた姿を見てください」

辺見さんの表情や話し口調は穏やかなままだが、言葉の隅に静かな怒りが見え隠れした。途中、山側にハローワークや福島地方裁判所が見える駐車場があり、そこで車を一時停車する。目の前にあるのは確かに駐車場なのだろう、車がたくさん止まっていたが、そこには別のものも静置されていた。それは巨大な緑のシートに覆われていた。辺見さんはエンジンを切らずに、しかも窓すら開けず私に言った。

「山名さん、あの緑のシートに覆われたもの、何だかわかりますか」

「うーん、ひょっとして…」

「…」

「除染土ですか。今、報道で問題にしていますよね」

「そうです、そうです。よくわかりましたねえ。市は除染土の持って行き場が決まらないから、ああしてシートにくるんで、人のいないところに暫定的にと言って置いているんです。黒にしたら仰々しいから、ああして緑にしたというんです」

「ひどい話ですね。緑にしたからといっても中身は変わらない。除染土は除染土ですものね」

「そうなんですよ。私たち市民をバカにしているとしか思えないでしょ」

緑のシートを見ているだけでも怒りが込み上げてくるようだ。辺見さんの言葉に、原発事故後、七年経った今もなお襲う放射線量の脅威が私の中で急速に実感できた。

「事故後、たくさんの（福島の）人が傷ついていらっしゃるんでしょうね。私は、今まで何にも知らないで来ました。辺見さんには申し訳ないんですが。本を読んだ時にね、除染のことが書かれてあって…除染した場所としていない場所との放射線量が全然違っていたり、放射線量が高いとはわからなくて、ずっと線量が高い場所で農作業をしていたご夫婦の話を知って…福島で住む人の不安と心の葛藤に触れたようで、いたたまれない気持ちでいっぱいになりました」

辺見さんの口調が少し和らぐ。

「そう言っていただけるとホッとします。私たち福島の者は、まだまだ特に小さなお子さんを持つお母さんたちは、外から応援に福島に来る人たちが何気なく言う言葉にも敏感になっていて…。『七年経ったから、もう終わったんでしょ』なんて言われると、ほんとに傷ついてしまうんです。あの事故からの私たちの毎日は何だったのかって。他にも、何気なくお話しされていることに、心ない言葉がたくさんありますから」

福島原発事故が起きた当時、現場近くの住民には報道管制が敷かれて、なかなか事故について知らされなかったそうだ。知ったのは、福島県外に住む友人が教えてくれた情報からだという。事故が起きた時も、津波の映像だけがテレビからは流れ続けたと聞き、現実の事故の様子はネットニュースを見て知ったとも話された。

その現場近くにいた福島の人たちは、どんなに不安を掻き立てられ、状況のわからぬ悲しみと怒りに襲われたことだろう。

「山名さん、あの緑のシートの上に三つ、小さな煙突のようなものがあるでしょ。あれ、何だかわかりますか」

「…うーん、どれですか…」

「ほらっ、あそこ。あの横に少し伸びているところ」

「あっ、ほんとだ。ありました、ありました。何か発酵するものを出しているとか…ですか」

「そうなんですよ。放射能で汚染されている土は熱を持っているんですね。その熱を、あの煙突になっているところから放出しています。異様なものがすぐ近くにあるというのがわかるでしょ」

その緑のシートの横には先ほどのモニタリングポストよりも大きな電光掲示板があり、現在の放射線量が示されていた。

「安全だ安全だと、事故が起きてからは、何がダメなのかより放射能の怖さよりも、安全だという話をうんざりするぐらい学者や専門家が福島にやって来て、私たちに話すんですよ。でも、それは多くの場合、自然にある放射線量のことであって、原子力発電所の事故現場から出るそれらのことは、その学者たちもわからないと言うんです。それなのに安全だと言えるのかと問い返すと、曖昧な返事しか返ってこない。どの説明も納得できるものはなかったし、かえって不安が増長されました」

辺見さんは持って行き場のない憤りに再度、声を荒げて話した。置き去りにされた放射性物質を目の前にして、許せない思いと不合理さに、込み上げてくるものが、横

除染土の仮置場とその説明（抜粋）

「仮置場を適正に管理しております」

仮置場は、除染等に伴って発生した除去土壌等を、中間貯蔵施設に搬入されるまでの間、安全に一時保管するための施設です。

そのため
1「放射性物質を閉じ込める」

2「放射線を遮る」

3「放射線・放射性物質の監視」

4「人の接近を防ぐ」

ことに万全を期した設計となっています。

—後略—


にいる私にも伝わってくる。すぐ近くには裁判所があり、ハローワークもある。人が通らないわけではない。

その場でしばらく佇んでから、車は信夫山に向かった。ゆっくり坂道を登っていくと、三人の女性がそこを歩いていた。信夫山に来て初めて外を歩いている人を見た。

その人たちを追い越して行き、車は坂道をゆっくりゆっくり登っていく。桜の花びらが舞い散る様を眺めながら。

「事故が起きるまでは」と、ここで過ごした辺見さんたち「たけの子」の活動の思い出話を聴きながら、車は頂上を目指して動いた。

信夫山公園─目の前に映ったその里山は、限りなく寂しさを漂わせていた。頂上に行く途中でも、緑のシートに包まれたものがあっちこっちに散在していた。先ほどの仰々しさはないが、かえってこちらのほうは人から見えないところにあるだけに、投げ出されたかのようにゴロゴロと点在している。そのシートの置かれている場所こそ、たけの子のこどもたちのかつての遊び場であった。春には野草が生え、夏はカブトムシやクワガタも成虫になり地面から這い出して、こどもたちの前に現れた場所。

頂上に着いて車を止め、信夫山公園に降り立った。銀色のコンパネは五〇メートルほどもあろうか、横に長くその頂きに陣取っている。その下にも緑のシートに覆われた物体が見える…先ほど車道を登りながら見えた緑のシートの物体よりかは、うんと大きなシートに包まれたものだ。そしてそれらの下には、モニュメントのようなセメントでできた広場が見えた。その近くまで歩いて行く。

信夫山頂上

その場所こそが、それまで卒園式を行ってきた「たけの子」の思い出の地だと、辺見さんは言う。

人で賑わっていた頃の信夫山の桜は、どんなだっただろう。それが今は人知れず咲いている。移りゆく七年の時間の中で、涙のように曇り空に花びらを散らしていた。

信夫山を下りながら、車の中から吾妻山が見える。

「あそこに雪うさぎが見える頃、春が来たと福島では言うんですよ」

辺見さんの言葉に以前の福島市民の生活が窺えた。

当たり前に生きていくことが、どんな

に大変なことなのか。辺見さんたちの自然の中でこどもを育てる活動は、震災後も現実と抗いながら続いている。

福島市内のこどもの遊び場

静かな憤りを乗せたまま車は信夫山を下り、今度は「さんどパーク」というところへと進んでいった。さんどパークは福島市立公民館の一部にある施設で、原発事故後は福島市内の保育所に通う、あるいはその年齢のこどもの遊び場として作られたところだ。入口から入ると、正面に、こどもたちの手形で作られた大きな制作の木が目に入ってきた。近づいて見ると、木の下に「四十六保育所　二九六六名のこどもたち」と説明書きがある。木のすぐそばの下方には、「『みんな　いっしょ』『福島はひとつ』を感じてください。そして…『のびる命を守り育んでいきましょう』福島市児童福祉課」と書かれた張り紙が貼られていた。

その表示に見えるものは何か…復興という言葉が、福島の人の心をより複雑にしていく。「みんな 一緒 福島は一つ」という言葉を読んで本当にそうなのだろうかと、福島市内を見て回った私には複雑な気持ちが芽生えた。もっと、大事な事実が記されていない。そんな気がしてならなかった。しかし、福島で生きていかねばならない「現実」を抱えた人やこどもはどうすることもできないでいたし、ここで「より安全に」過ごそうとしてやって来ざるを得なかったのも事実だろう。「現実に諦める」…その現実の中で生きていく福島の人の気持ちを思うと、私は大阪でこどもの「生きにくさ」を嘆いている自分のありようとダブって見えてきた。

こどもと一緒にさんどパークにいる大人たちに目を向ける。誰も笑っていない。外部から見学に来た私を見つけては、視線を合わせないように下を向いていく。ここにも大阪で見てきた「生きにくさ」と同質のものがしっかり存在していた。

辺見さんは言う。

「ここで私たちも遊びました。でも、ここは屋外ではないんです。私たちは、お日様の当たる自然の中でこどもたちと遊ぶことが大事だと思って活動してきました。土も塩素消毒されていてサラサラなんです。雨が降った時の感触、陽にさらされた土の感触…毎日、土は違う感触を持つでしょ、でも、ここではそれが味わえないんです。いつも同じ状態なんです。こどもにとって、とても大事な自然の変化を感じさせてあげられないんです」

福島原発は福島の人の電力を作り出してきたのではなく、関東圏の電力供給のために稼働してきていたという事実を前に、不合理を感じないはずがなかった。原発事故は、福島の人々の人生そのものを変えたんだと、辺見さんの話を聞いて痛切に感じた。

「選んでここにいるわけじゃないです。だけど、私は福島で生きることにこだわったんです。私たちは事故が起きる前から、ここで生活をして生きてきたのですから」

その言葉に、生きること、未来のこどもたちのことに対する切実な決意を感じた。

私はその言葉を深く心に沈めた。「ここで生きる。福島で生きる」という辺見さんの信念が、渇いた私の心の中に響いてきた。

たけの子の遊び場

車に戻り、いよいよ米沢を目指した。

毎日、辺見さんたち、たけの子のこどもたちは、福島市内からこれから向かう米沢まで一時間かけて通う。辺見さんは、必要とあれば、自分にできることはなんでもしていきたいと言う。資格免許が必要なら取ればいいし、運営をするために切り拓くこと、どんな努力や行動が伴っても本来の活動の実現に向かって進んでいくという辺見さんの生き様が「たけの子」の活動の原動力となっている。

米沢は風の向きからか、放射線量もほとんどない状態にあるという。辺見さんたちは、毎日、放射線量を計測し、どこが安全な場所かを調べ、青空活動を進めている。現在、日本の各地で「森のようちえん」の取り組みが進められてきているが、その活動母体では、それぞれに違いがあり、独自の活動が続けられている。それらに共通した論理は、自然の中でこそこどもの主体育てが実現するということだ。

辺見さんたちは特定非営利活動法人として運営する「青空保育たけの子」の活動を、今も続けている。パンフレットには「自分の責任で自由に遊ぶ」とあり、四季折々の大人も交えた活動が写真で示されていた。

「じゃあ、もう米沢に移って活動すればいいんじゃないのって言われることもあるんですね。でも、そうじゃない。私たちは、ずっと福島市内で生活してきたのですから」

その言葉に、福島の自然の中でこどもと過ごしてきたことを大事にしたい、という思いが伝わってくる。

高速道路に入り、辺見さんは車の速度を上げた。

「米沢まで行くのに、この道路は無料の高速道路になっているんです。今日は『きっさ万世』があって、避難している人たちとの交流会に、こどもたち、参加しているんですよ。少ししか時間はないですが、そこに今から案内しますね」

そう言うと、辺見さんは痛快にハンドルを握りしめた。

約五十分ほどで米沢にある「万世コミュニティーセンター」に到着した。ここで、避難している人たちと、「たけの子」のこどもたちがお茶会で交流しているらしい。こどもたちにも会えるんだとわかり、急に嬉しくなった。

広々とした和室に人が集まっていて、まだ肌寒い米沢の公民館では暖房も効いていて、室内に入るとメガネが曇ってしまった。そこにいる人は柔和な笑みで迎え入れてくれ、私は人の温もりを感じた。

避難住宅で住む人たちとの交流の中で、こどもたちは、くつろいで過ごしていた。どこか懐かしい。私がこどもの頃に過ごしてきたような、大人の中で心ほぐすこどもたちの姿に、すっかり打ち解けてしまった。

交流はもうお開き間近だったようで、片付け始めた地元の人の手作りの食べ物をお皿に取ってもらってご相伴する。早速、こどもたちとも混じり合う。こどもたちは、辺見さんを見つけると目を輝かせ、こちょばしごっこを始めた。「へんみさあん」と声をかけながら、笑いながら赤いほっぺであっちこっちから辺見さんに体当たりする。きゃーきゃー言いながら、くすぐりっこするこどもたちは、いたずらするのが楽しそうだ。そんな楽しげな雰囲気に誘われて、私もこどもたちと一緒になって遊んでいた。


避難住民の世話役の方とも、辺見さんを交えて少し会話ができた。原発事故が起きて七年…避難生活への援助打ち切りが、行政から立ち上がってきているという。場所によって、あるいは地域によってその取り組み方が違い、行政の避難住民への接し方も色々だと聞く。

「支援の打ち切りって言ったって、避難しているところしか行き場はないわけだし、一体どこに行けばいいのか、先は見えてこない」。そんなつぶやきが聞こえた。

住み慣れた場所を奪われ、今いるところも先が見えてこないとなれば、一体これからどう生きていけばいいのか、福島の現実はそんな中にある。

それから再び辺見さんの車に乗り込み、米沢の古民家─青空保育たけの子の保育現場に到着した。広い敷地に建つ古民家は、昔からの佇まいだ。春の陽射しを浴びて、どでんとそこに建っていた。

その建屋の裏には、まだ雪の塊が残っている。そして手作りのツリーハウスがあり、二段砂場が見渡せた。古民家の横にはあぜ道を挟んで、畑や田んぼが見えた。こどもたちが植える田んぼと、活動をするのに収入が少なくても食べていけるようにと、大人たちが植え付ける田んぼや畑がある。古民家の前には、大きな木々たちも見える。保護者が手作りしたというピザ窯もあり、日によってはみんなでクッキングもするという。その場所こそ、辺見さんたちが探し当てた、たけの子の活動拠点であった。

米沢の自然を舞台に、たけの子の活動は勇ましく進められている。「たけの子 測定の記録」には放射能の解析結果が掲載され、風向きで変わる線量測定もきちんと記されてあった。

辺見さんとこどもたちの姿を見て、大阪で見てきた声にならないこどもの叫び声にどう向き合っていけばいいのか、ここに来てようやく探していたものの輪郭が見えてきた。私の中でわずかだった胎動が大きく動き出した。辺見さんたちは「福島で生きる」ことに全身全霊で取り組んでいる。目の前で起きた不合理な事故や出来事を通して、自分たちでこどもを守ろうと、一番大事なことを譲らず手探りしながら懸命に生きていた。

瞬く間に時間が経ち、気が付くとすでに昼の時間を大幅に過ぎていた。辺見さんと、東京駅で買った駅弁をその古民家で頬張りながら、また話を聞く。

「ここがあんまり広いものだから、こどもたち、ここ母屋に来ちゃうと、せっかく米沢に来ているというのに外に出なくなるんですよ。あっちこっち走り回っちゃってね。だから普段、母屋ではなくて、あそこにある土間のほうを活動拠点にしています。こどもは外で遊ぶもんです。外で遊びながらいろんなことを学んでいるから、それを奪っちゃいけないんですよ」

そう言って、辺見さんは笑った。

短い間にたくさん移動をし、たくさん話をした。多くの福島の人が、自分たちに突きつけられた放射能汚染の中で「どう生きるのか」と選択を迫られながら、今を生きていることがまざまざと心に入ってくる。外遊びに出るとしたら、線量測定なしには動けない。もちろんここ米沢でも、線量測定は行われている。被ばくについて、せめて同じ日本という地平で生きる人間として無関心でいていいのだろうか。

「福島市内での様子を見て、ああ、ここは大阪の状況とおんなじだと思いました」

私がそのように伝えると、以前、大阪からボランティアで来ていた若い男性が、同じことを話していたという。その男性は小学校で非常勤講師をしていたそうで、大阪で教師をすることに絶望してここに来たと言っていたらしい。福島で辺見さんたちに出会い、その男性は勇気付けられ、大阪に戻っていったと、辺見さんは話した。

米沢での自由な時間は、原発事故というこれまで経験したことのない未曾有の災害の中で懸命に生きることを考える…そんな背景の中で作り出されたものであった。当たり前にあった自然が壊された中で見えてくる自然の偉大さと、人間にとっての「自然」というものの存在の大きさを感じた。辺見さんたちは、原発事故という問題に抗って「福島で生きる」ことにこだわり、しかも、こどもと共に自然を求めて、人との繋がりの中で生きていく中に、希望を見出していたのだ。諦めない限り何かが生まれてくるという、その原動力は、原発事故が起きた絶望の中で本来のあるべきこどもの生活や「自然」のありようを求める行動を生み出していった。

辺見さんと話すことは、私にとって遠く離れたところから大阪を思う時間となった。大阪のこどもたちにも、温もりのある陽射しの中での生活をさせてあげたい。大阪のこどもたちにも、時間制限のない、自分で活動することを自分で決め、自分でのびのびと体も心も動かして遊ぶ自由な時間や自然の醍醐味を味わわせてあげたい…保育現場を離れて思うことは、声にならないこどもの叫び声は、大阪の中で、私たち大人が一体何ができるのか、そのことをしっかり見極め諦めないで進めていくことの中から実態が見えてくるのではないか…と、現場で疲弊して志を断念した私に、もう一度、勇気をもたらしてくれた。

二　広島で、里山保育のなせることとは

「自分で考え自分の行動に責任をとる」―取材の中で見てきたこどもの暮らしから、この言葉がこどもと暮らすキーワードとなり、それからの取材に繋がっていった。

自然の中でこどもが自由に物事を捉え、考え行動することに憧れて保育のあり方を模索していた私は、福島から戻ってからずっとそのことを考え続けていた。大阪は自然が少なく、人口密度も高い。家庭崩壊も進み、一人親世帯も増えていく一方であり、虐待件数も日本で一番多い。それは自然がないからだと、ずっと思って過ごしてきた。地方は過疎という問題を抱えているが、こどもに欠かせない自然がある。こどもは自然や人とゆったり関わって暮らすことが何より大切だと私は思ってきた。そのことは間違いではなかったと実感している。自由に体も心も動かして育つ環境が何より大事だと。

関東で見た保育園では、同じ都会であっても、こどもの暮らしは、私のいた公立保育所や株式会社立保育園とはかなり違っていた。その様子を見ても、自然がない、ただそれだけの問題だろうか、いや、もっと違うところに観点があるはずだと、「生きにくさ」について探ってみながらも、まだ核心は遠くにある気がした。だが、あと少しで何かが見えてくると、探しているものの正体が輪郭を見せ始めていた。

たけの子で出会ったこどもとの暮らしでは、失敗することを恐れないことと、自然の中で過ごすことが何よりもの学びとなっていると知り、米沢の古民家での活動は、大人も含めて、ないところに創出していくエネルギーで満ち溢れていた。福島で生きることにこだわった辺見さんは、原発事故が起こった後、こどもにとっての最善を尽くし行動を起こしている。放射線量を測定して安心できるところで、こどもと暮らすことを選択し、模索し大切にされてきた。そのことに私は、大きな意味を感じる。

今度は、広島市で里山保育を進める「ひだまり保育園」を訪れることにした。福島に行った後で思い出されたが、「青空保育たけの子」の活動とどこかで共通するものがある。そんな折だからこそ、園長の檀上さんに連絡を取ると、すぐに快諾してくださり、六月に入ってから私は広島を訪ねることになった。

里山保育園との出会い

広島駅に降り立ったのは六月初旬、梅雨時の夜だった。前日に新幹線で広島駅に降り立ち、呉線に乗り換えて海田市（かいたいち）駅まで入った。次の日の朝早く、JR呉線で一駅先の矢野駅に向かう。

海田市駅では目の前まで山が迫っていて、明け方に降った雨は地面こそ濡らしていたが、すでに止み、向こうに見える山の懐には朝の霧を空へと覚ましていく様が見えた。初夏の陽射しが勢いを増し、雲をどんどん振り払っていくかのようだ。その風景の中を忙しく歩く学生や通勤する人の姿に混ざりながら海田市駅に向かい、そこから一駅先の矢野駅まで乗車した。駅に降り立つと、矢野駅ではもっと間近に山々が迫ってきた。山は目の前でせり上がり、初夏の勢いに覆われた緑の茂みで溢れている。それを見ていると、なぜか郷愁に誘われていった。

広島市安芸区矢野…広島市から東に向かって呉市に近づいて行く途中にあるが、インターネットで調べると「矢野は飛び地」とあり、安芸区の中では他の地域と離れた形で区に入っている。「飛び地」という言葉の意味は…と、初めて聞く「飛び地」を辞書を引いて調べてみると、「ある行政区画の主地域から離れて、他の行政区画内にある地域」と書いてあった。

インターネットでは、矢野に隣接する地域としては海田市、坂町、熊野町の三町があり、そもそも安芸区への編成にその三町も誘われたが編入を断っているため、その三町に囲まれた矢野は飛び地として、安芸区に編入していると記されていた。矢野は、飛び地としての人口比率が日本で一番多い地区になるとも記されている。また、「古くからある街」とあり、園から迎えに来てくださった車に乗車して見た風景では、白壁の蔵が軒を連らねているところも見かけ、運転されていた方に尋ねると「この辺一帯が広島市内で残された古い街並みになるんです」と教えてくれた。「残された古い街並み」という言葉に、広島は原爆の落とされた街なんだと実感した。私が誘われた郷愁は、原子力爆弾による「死」という哀しみに直面し、その向こう側から「生きる」ということ、平和を願うという心が、七十年経った今も、広島に備わっているせいなのだろうかと、ふと心によぎっていった。

そうこうしているうちに「ひだまり保育園」に着いた。すぐそばには矢野川が見える。山から流れ出る澄んだ水が勢いよく流れていて、古い街並みの風情をより一層引き立てていた。保育園はその川の縁を上がったところにあった。昔ながらの建屋を改築しているようで、こげ茶で黒光りする大きな梁と柱は、いにしえの風合いをそのままにしてしっかりと備わっていた。昭和の時空がここで止まったかのように。風が吹き抜け、人々に涼風を届ける。そこに少し身を置いた。この感覚はどこから来るのか…五感を通して感じ入っていた。

私は「おはようございます」と挨拶しながら園舎に繋がる縁側を上ろうとすると、

元気の良い、園長の檀上さんの明るい声が飛んできた。

「そこ、もうありんこは終わっちゃったんじゃろうね」

こどもたちの朝の体ほぐしは、雑巾がけ、ワニばい、トランポリン、二人組みのありんこ、どんぐり運び、包んだ俵状のマットでの体ほぐしと多彩に展開していく。突然の見学客に登園してきたばかりのこどもたちも興味津々で迎え入れてくれた。園舎では体ほぐしの動きは、こどもが自分たちで数を数えたり、次は何をしようかと考えながら進んでいくようだ。部屋中で、こどもが思い思いに動き、大人はその合間でこどもの動きをそっと見守っている。

「なんか、体触ったら熱いけ、熱があるんと違うかね」

マット運動のところで、こどもを支えていた保育者がこどもの変化に気付いた。別のところから、体温計を持ってきた保育者が測りに行くと、やはり発熱しているという。お迎えが来るまでの間、その子は、風の当たらない部屋の端っこに布団を敷いてもらい、つまらなさそうに横になっていた。早くに終わったこどもたちは、その子のすぐそばで紙ゴマや手作りの玩具を出してきて遊び始めた。声をかけずとも、熱を出した友だちを心配し、様子を窺っている子もいる。

そうこうしていると、場の動きが変化し片付けが始まる。檀上さんがこどもの様子を見ながらピアノのところに動き出すと、目の前で遊んでいた紙ゴマや手作り玩具を、保育者に促されてこどもたちは片付け始め、奥の部屋から小さなこどもたちが、自分の座る手製の椅子を持ってその広い部屋に集まってきた。毎日の暮らしとは、こういう風に生まれてくるのだろう。主活動が何かとか、時間に区切られて何かをするのではなく、日常のこどもとの生活がここでは自然に繰り広げられている。こどもも保育者もいつの間にか、真ん中にできた大きな空間を囲んで座り始めた。

檀上さんはピアノを弾き始め、部屋じゅうにみずみずしい音を放った。こどもたちはピアノから音楽が聴こえてくると、体の隅々のどこかがむずむずと動き出している。座布団を敷いたり、長椅子や手製の椅子のところに順に座っていくのだが、そうしている間も音楽に反応して体が無意識に振動していた。自分の出番が来るとパッと飛び出して、うんと身体を動かして遊ぶ。

その日は、中学生たちも六人、職場体験で参加していたので、年長児のこどもたちが動き出して回った後、中学生の男の子たち三人が、年長児がやったように音楽に合わせて体を動かし出した。

年長児たちは、音楽に合わせてスキップやツーステップ、とんぼ、かえる、エトセトラと、動きも変化させて弾んでスタートする。その様子を見逃さない中学生たち。

続いて同じことをするのだが、年長児の動きに集中して見ている男子中学生三人の表情が変わってきた。動きは結構ハードで難しい。そして、年中児、年少児…とだんだんに空間に飛び出してくる子は小さくなっていき、全員がリズム遊びに繰り出していった。中学生の女の子三人は、年中児と一緒に動いていた。年中児がのびのび動くと、「かわいい、なにそれっ。すっごーい」と声を上げてから、中学生の女の子たちも小さな子に混じって動いた。楽しくて仕方がないように、こどもたちはリズム遊びを楽しんでいた。その合間のできごと。

年中児のこどもたち二人が、ピアノの旋律をBGMにしてささやき合っている。

「あのね、大好きだよ」

「うん、わかった。一緒だよ」

小声でささやき合った二人はハグをし始めた。そうして抱き合っていたかと思うと、自分たちの出番になると咄嗟に離れて音楽の中に入っていった。動く時は別々が良いらしい。

山から吹いてくる自然の風もホールで一緒に舞っていた。

里山で過ごす初夏の風景

それから、年長児クラスに入り込む。本日の活動は、里山に出かけてヨモギ摘みをする模様だ。檀上さんは、八月六日の原爆の日に向かい、平和についてこどもたちと一緒に考える取り組みもずっとしてきていると言い、その日は平和についてみんなで話し合う予定だったが、年長児のこどもたちの中に体調を崩して休む子がいて、みんなが揃った時でないと、この取り組みは行わないと話された。

命の尊さの重みをその言葉から受け取った。毎年、八月六日に、平和についてこどもたちと生命について話し合ったり、戦争によって失われるものの大きさを話したり、体感したりしてきたが、広島の地で起きたあの日の出来事は広島の人々にとっては、苦しい辛い体感なくしては語れない事実だと思い知らされた。一人ひとりのこどもがそのことを幼い身体と心でどう受け止めるのか。八月六日に向けて、命の大切さをこどもたちとたくさん考えると檀上さんは話していた。その場にいてほしいこどもたちが一人でも欠けては意味がないのだと。

初夏の風を受けながら広島の人たちの優しさに出会い、ここは被曝地ヒロシマであることを実感した。そこに檀上さんたちの平和への真摯な願いと、こどもを思う気持ち、里山保育園の手作りの意味合いを重ね合わせていく。

こどもたちは、出かけるとなると自分から部屋に戻り長ズボンに履き替え、帽子をかぶる。みんなのための小さなリュックを持つ男の子もいた。里山は歩いて十分ぐらいのところにあり、街の中の小道を抜けて歩いていった。歩き慣れているのだろう、弾みながら小道をスキップするように進んでいく。懐かしい気持ちが湧いてくる光景だ。昔、こどもの頃に、こども会で近くの山に出かけた時に歩いた風景と重なった。

私の中にある原風景、それと静かに重なっていく。

出かけた里山で、「ふわりふわふわ」（詩：ロルカ　曲：林 光）と先ほど朝の会で歌った歌を口ずさむ子や、カエルを見つけて触ろうと後を追う子、アゲハの幼虫がいるのを探す檀上さんの様子などを見ていると、里山自体が自然に呼吸していて、その中に居合わせたように、こどもと人がいるように見える。そのことが私には新鮮に映った。

「この里山にも、昔からの小道はえっとあってね。私もここでずっと生きとるけど、あまりよう知らんかったし、この辺の人もあんまり山の中、歩いてんないんよ。この子らがおらんかったら、山の中歩いたりせんかったじゃろうねえ、私も。この子らが歩いてじゃけ、山に人が入るんよ。そりゃあええことじゃなあ思うんよ」

檀上さんは道すがらそんなことを話してくれた。里山とはすぐ近くにある自然の恵みであり、こんなに身近にあるのかと、大阪育ちの私は、歩きながら矢野の街の様子を眺めてみた。

少し先に緑で覆われた勾配が見え、そこの斜面で年中児クラスと年少児クラスのこどもたちが、保育者と一緒にヨモギ摘みをしていた。お互いを見つけると「おーい、来たよー」、「おーい、ここにおるよ」と声をかけ合っている。こどもたちは勝手知ったるところなのか、どの子もどんどん上がっていく。それにヨモギの群生を見つけると、手際よく摘み始めた。

ヨモギを摘む時、年長児のこどもたちはどこをどんな風に採ればいいのかわかっていて、体験に来た中学生の子たちに、さりげなく「ここを採るといいで」と、ヨモギの上の新芽のところを触って教えている。また、バッタがいるのを見つけては、平気で捕まえ「ほらっ、これ」と言って悪戯げに差し出すと、中学生の女の子は「きゃーッ、虫じゃああ、これいらんわ」と騒いでいる。それが面白いとばかりに、またバッタを見つけて見せに行く。

すると「人が嫌がったり怖がったりすることを喜ぶのはどうかのう」と、檀上さんの声が飛んだ。はっとするこどもたち…。その瞬時のやりとりに心地よさを味わう。目の前で、中学生とひだまりっ子の距離間がウンと縮まっていた。

田んぼでは、人が来たのに驚いたのか小さなカエルが水の中に飛び込んでいく。気を取られてその先に目をやると、オタマジャクシがクネクネ体を動かして泳いでいた。カエルの飛び込む様子に興味を持ったこどもたちは、土手から田水に入ろうとするカエルを見つけては、カエルとりをやり始めた。カエルのすばしっこさになかなかつかめないでいると、冷やかすようにトンボがそばまで来て、スイースイーッと飛び交わしていく。

帰る道々、リンゴの木を見つめて檀上さんが立ち止まった。

「これが矢野のリンゴの木じゃ」

こどもと一緒に、木を見上げたり葉っぱを匂ったりする。「何も匂わんねえ」と一緒に葉っぱを匂っていたこどもが、私に向かって言う。振り返ると、その子が手に持つ袋いっぱいになったヨモギのほうが芳香豊かだった。ヨモギは、まだまだたくさん集めて冷凍し、これからの暮らしの中で、こどもと一緒に味わうヨモギ団子になるそうだ。

こどもたちは年長児の部屋に戻ってくると、自分たちでクラスみんなの食卓の準備を行う。誰がどこに座るのか、どう食器によそっていくのかも考え合って声に出して相談しながら。食卓が用意されていく合間で、私や中学生も、どう動いていいのか戸惑いながらお手伝いをした。こどもたちと、陽だまりの昼ご飯をご相伴する。お茶碗に盛り付けられた玄米ご飯を、噛むほどに味わう。野菜たっぷりの副菜にシジミの味噌汁。里山ならではの食事をこどもたちと一緒に食べるのは、嬉しい時間だった。ここにあるのは「こどもの暮らし」。私はそう実感した。

初夏の矢野の風は、湿った空気をカラッと吹き飛ばしていく。こどもたちは梁を巡らす大きな布がシェードを作りその中に囲まれて、暗くなったところで体を休めるようだ。壇上さんは語り始めた。

ここでは、どこに相談しても解決できなかったり、こどものことにうんと悩んでやって来る人もいて、話を聞いているうちに、ひだまりっ子になるケースもあるという。そうしてひだまり保育園で出会った保護者とこどもたちが、いきいきと本来の姿を取り戻し暮らしが豊かになり育ち合っていく。こどもたちの保育を進めるうちに、里山の暮らしがこどもに希望をもたらすと実感でき、リズムや体ほぐしの動きも、こどもを見る中で試行錯誤して進んできたそうだ。その言葉は普段の生活から自然に生まれてきたもので、何の気負いもなかった。

「なんでここで保育園を」という私の疑問を察知したかのように、ここで保育園を作ろうとした時は、たった二家族でのスタートだったということも教えてくれた。

こどもにとって里山の自然が大事だとわかったから里山保育を進めてきたし、こどもにとってリズム遊びがどんなに大事か、心地よく楽しみながら体を動かし心も体も開いていくことを見て、その様子から、どんな風に動いたらいいのか、独自に色々な人や考えに出会って進めてきたという。話を聞いて、言葉が胸に染み込んできた。何にもないところから始まったという「里山の暮らし保育」を、今、私は眺めている。目の前に広がる、どろんこ遊びもできる園庭が、勇ましく見えた。

無認可保育園、里山保育園として独自に続けてきた檀上さんの、言葉にはしないが手作りだからこその苦労が見てとれた。あっけらかんと開放的に笑う、その笑顔が眩しかった。

無認可だからこそできる…という思いに触れる。行政の中で私があがいてもできなかった、人が生きる「暮らし」が見えた。ひだまり保育園の取り組み—それは、先に見た福島の「たけの子」の取り組みと共通する。そこに現存する「こどもの暮らし」が、眩しいほどに私には豊かに思えてならなかった。

第四章

さとにきたらええやん

こどもたちが描いた絵
―夏の樹とセミ―

広島から大阪に戻る新幹線の中で、巨大な大阪の都市を見つめた。私に一体、この大阪で何ができるのか…と考えさせられる光景だった。

広島や福島で見た「こどもの暮らし」は、その地で生きるという力強さで覆われていた。それまで私は、それは自然があるからできるんだとか、大阪では人との関わりが風化しているから虐待件数が増していくばかりなんだとか、こどもたちの置かれる悲惨さに対して、保育現場では規制や縛りの中で保育が思うようにできないことを嘆いていた。それでも、はるくんたちとの生活のように状況を良くしようと抗ってきたつもりでいたが、どんなに頑張っても全うできなかったことに打ちのめされ続けて保育現場を後にした事実が残る。

こどもと暮らしながら、希望が見えない苦しい実態の中、私自身が心の中で悲鳴を上げていた。もう、どうにもならないギリギリのところで保育をしていたと、今になって実感する。そして、それは多くの大阪で働く保育者が胸に持っている思いと同じだ。だからこそ、保育現場を後にする保育者が後を絶たないのではないだろうか。どんなに思いを持って保育しても、こどもとの暮らしは一向に良くなっていかない現実が突きつけられてくる。

福島で出会った「青空保育たけの子」のこどもたちを見ていると、大阪でもまだ何か可能性があるのではないかと思えてくる。けれど未だ混沌としたまま、保育の現場での「生きにくさ」の正体について、考え続けていた。

一　富士山のもとでの出会い

六月初旬、山梨県清里の地にある清泉寮のホールに立つと、富士山の南山麓の広大な自然の雄大さの中、不思議な感じで私は「こどもの里」の事実と出会った。『エデュカーレ』という東京から発刊されている雑誌の記念講演に、どうして荘保さんが招かれたのか、まだその時点ではよくわからなかった。

一体何が始まるのか…。辺りが暗くなり、ここに集まった読者の皆さん（ほとんどが保育にまつわる人）と一緒に、映画『さとにきたらええやん』を見た。

大阪環状線の新今宮駅と天王寺駅の間、その界隈にある通天閣の近く…。そこから出発するチンチン電車に乗って南に向かう途中に、今池という駅があり、そこを降りたあたりから、西側にある南海高野線の萩之茶屋駅に向かって広がる地域のことを昔から釜ヶ崎と呼び、大阪市の日雇い労働者の街としても知られていた。行政からは「あいりん地区」と呼ばれているところでもある。「西成・釜ヶ崎といったら危険な街」という印象を持って、そこを特異な地域と位置付けている大阪人もまだまだ少なくないが、実際に私自身も「そんなことない」と断言しておきながら、心のどこかで夜になると「一人ではやっぱりここは通らんとこ」と避けてしまう。映画は、そこが舞台となっている。

映画『さとにきたらええやん』に出てくる釜ヶ崎の光景は、その「釜ヶ崎＝危険な街」とは全く違う様子が映し出されていた。映画は、中学生の男の子が自転車に乗り、「心とフトコロが寒いときこそ胸をはれ」とラップ調に歌を口ずさみながら、西成の街の中をふらふらとどこかに行こうとして動いていく…そんなシーンから始まった。

その子が行き着いたところは「こどもの里」というこどもの居場所。そこには、とにかくごちゃごちゃとこどもがいた。賑やかな歓声が聞こえる中で、室内でボール投げをしたり取っ組み合ってふざけ合ったりして、年齢の異なるこどもたちが入り混じるように関わって遊んでいる。そこに映画の場面ではアングルが当てられていった。ピアノを弾く子がいて、そばにいる子と歌っている。カメラはスタッフの打ち合わせの姿や、親とやりとりをする姿も捉え、映画は様々なドキュメントを映し出しながら進んでいった。

一階の遊び場では、ごちゃごちゃとたくさんのこどもたちが、見ようによっては暴れて動いているのだが、大人の「危ない」「そんなんしたらあかん」と言う声が聞こえてこない。それに、動き回るこどもの表情に惹きつけられる。みんないい表情で笑いながら楽しそうに取っ組み合っている。荒々しい尖った表情の子は見られない。そこに、信頼されて愛されている様子を読み取ることができた。

こどもたちはありのまんま生きている。周辺にいる大人のスタッフたちも笑って、緩くゆったりと関わっているのはどうしてだろうと、不思議に思えた。一人の就学前の男の子が、泣いて暴れるシーンがあった。その横でスタッフが根気よく話し込んで向き合っている。それでも、その男の子は納得してくれない。根気のいる関わりを丁寧に行っている様子に釘付けになった。

次のシーンでは、くじけていたその子が自分で泣き止んで、やり直す姿が映される。こどもをどう捉えて関わっていくのか…、ケース会議を繰り返しながら、こどもが自分で立っていくのをずっと見守って接していく若いスタッフの姿に心打たれた。こどもが自分で行うまで待ち、追い立てられることなく、スタッフの眼差しの先に自分と向き合っていく姿が見られる。もう一つのポイントとしては、そこは大阪、西成区の釜ヶ崎であることだ。緑多いこれまで見てきた環境とはまるで違っているところ。私の言う「自然」というものは一つもない空間なのに、こどもたちの目は輝いている。

映画の中では、一年間の四季折々の釜ヶ崎の様子も映し出されていた。そのどこを見ても、この地域で暮らす「おっちゃん」たちとともに、こどもたちが自然と関わって生きている姿がある。春のこどもの里の運動会は地域の三角公園で行われ、そこで暮らすおっちゃんたちもたくさん参加していた。こども対おっちゃんの綱引き大会で盛り上がる様子には、なぜか心を揺さぶられる。

おっちゃんたちはこどもに優しい。仕事は多くがきつい労働だと知らされる。人が行かないところや危険の伴う仕事もされてきている。その多くのおっちゃんたちに対し、こどもはまっすぐに向き合っていく。地域の夏まつりに、大きなこどもたちがスタッフとして屋台で作ったものを売り歩いて参加する時は、おっちゃんを相手に捌いていく。夜回りに出かけるこどもたちは、おにぎりや味噌汁を持って、寒い街頭で寝ているおっちゃんたちと向き合う。「おっちゃん、大丈夫、風邪引きなや」と声をかけながら。おっちゃんたちはこどもに「ありがとう」と言葉を返し、渇いた心にその温もりを受け取っている。

映像の中では、クリスマス会やお別れ会の行事も映し出されていた。普段のみんなでじゃれ合って触れ合って過ごす様子と、行事の時はまるで違っていた。それぞれの年齢のこどもたちで繋がって発表をしたり、卒園・卒業する節目のお祝いでは、晴れやかな家族でのお祝いの訪問に出会う。家族と来れないこどもには、館長の荘保さんが付き添っている。

最後に「こどもの里」を巣立っていくこどもの様子を見た時に、「釜ヶ崎」という地域でしっかりと自分の人生を生きているこどもたちが誇らしく見えた。

二　家族の中での苦しみに

なぜ、こんなにこどもの心が違うのだろう…。自分で自分の生活を進めていく子に、当たり前の生活を営む気持ちが育っている。私の周りでこんなに自立したこどもがいるだろうかと、胸をつかまれた気がした。

「早く働いてお母ちゃんを助けたい」

「自分の夢を叶えたい」

そんな風に、こどもたちの思いがくっきりとしている。十八歳になるまで、里で里子として育つこどももいる。映画を見て、こどもたちの成長する様子に感動した。言葉が出てこない。

同じ大阪にいながら…今まで何も見えていなかったということか、と悔やみながらも、ここ、こどもの里には何があるのやろう、熱くなる気持ちを生み出すものが一体どこにあるのやろうと、私は考える。

心とフトコロが寒いときこそ胸をはれ

そう歌いながら、初めはふらふらと彷徨っていた中学生の男の子の様子が、里の生活の中でズンと変化していく、その様子が映し出されていた。私が見てきたこどもたちの様子と何が違うんやろう…。言葉にできないもどかしさで詰まっていると、映画が終わってから話す荘保さんの言葉が私を捉えた。

「初めて釜ヶ崎に来て、こどもたちと出会った時、『ああ、なんてこの子たちは、きれいな目をしているんやろ』と思ったことが第一印象でした」

荘保さんは、そのことがきっかけとなってほぼ五十年の歳月がこの釜ヶ崎で流れたとも話した。私は、自分の気持ちを抑えることができなくなり、荘保さんに尋ねてみた。

「今までにこどもたちと過ごして辛いと思われたこと、釜ヶ崎で働いていて嫌になったことはないですか」

すると、荘保さんは「嫌になったことは一度もありません」と答えた。

けれど、ここでこどもたちの受けてきたどうしようもない現実や事実に心が痛み、その時にその子にとって一番大事なこと必要なことを、必死になって考えて動いてきたことや、時にはたくさん失敗があったことも詳しく話してくださった。

「こどもはみんな優しいの。いくら親にひどい目に遭わされても、親のことを一番に思って気遣っている」

その言葉の中に、荘保さんがこどもを理解して受け止めていることがしっかり伝わってくる。

「行政は何にもしてくれません。私たちがこどもの命を守っていかないと」と言う。

国籍が取れず無国籍で来たこどものこと、両親が日雇いのためお金がなくて先生に持ってきなさいと言われ続けたら学校を休む子のこと、遠足や運動会でお弁当がいることを親に伝えれば困ることがわかっていて言えずにいたり、親のＤＶを見たり実際に受けたりして傷ついているこども…。

「家庭でいろんな目に遭っていても、こどもたちの家庭での実態は、一緒に過ごしてきても、なかなかわからなかった」と荘保さんは言う。

「こどもは、里に遊びに来てもなかなか自分のことを話さない。だから遊ぶことが大事なんです。心も体も発散して目一杯遊んだ後、ポツンと『あのな…』と心に秘めていたことを話すことがあるんです」

遊ぶことが大事。確かに私もそう思って保育を進めてきた。しかし、その言葉にはもっと大きな意味があることを知る。荘保さんの次の言葉が、私の心を揺るがした。

「里の子は、家庭は壊れていても、大きな家族がある」

どういうことか。こどもの里は「こどもの広場」という名前で学童保育として始まった。大阪市の学童保育は一年生から三年生までが対象である。荘保さんたちは三角公園やゲームセンターに行き、そこにいた対象児童と思われるこどもたちに声をかけていく。すると、小さな弟や妹を連れて、その背後からは高学年の子が赤ちゃんを連れてやって来た。「こどもの広場」に遊びに来たこどもたちは、自分より小さな兄弟姉妹の世話を当たり前のようにしたそうだ。おむつも替えるし、ミルクも飲ませ、寝かしつけもした。そして「その子たちが寝ると、遊び始めるんです」と荘保さんは話す。そのこどもたちを見て、「一年生から三年生までしか来てはダメ」とは言えなかったとも。

現在のこどもの里の「誰が来てもいいよ」というこどもの居場所づくりは、五十年前のこうした釜ヶ崎の実態から確立していっている。こどもたちはそうして、日雇いで働いている親たちを支え、親たちは働いて家族を支え、お互いに支え合う「大きな家族」の一員として存在している。

荘保さんの里に来るこどもとの出会いの話を聞くと、琴線に触れるものがたくさんあり、心が震えて止まらなかった。

新聞記事に掲載されていた、ある女の子の話。

友だちと二人でいつも里に来て宿題をしていたその女の子は、いつもニコニコ笑っていたという。荘保さんが出会って三年経った時に、小学校の運動会を訪れてその子を応援しようとしたが、いくら探しても見つからなかった。友だちに「どうしたん」と聞くと、「風邪で休んでいる」と言う。前日元気だったその子に会っていた荘保さんは、お弁当が作れなかったのかなあと戸惑っていると、その親友の母親から「あんた、知らんかったん。あの子、学校来たことないんよ」と告げられた。

一瞬立ち尽くしてから、荘保さんはその女の子の住んでいる家まで行ったと話す。部屋には女の子とその母親がいて、母親が涙目で出生届を出せなかったことを告げたそうだ。

父母共に既婚者同士であり出生届が出せず、女の子の戸籍はなかった。

「学校行きたいんちゃうのん」

荘保さんがそう聞くと、「うん」と言って涙をボロボロと流した。それまで里で出会っていた笑顔とは対照的な表情をその女の子は見せたという。

その女の子は、何か理由があって学校に行けないんだということはわかっていた。今まで学校のある時間帯は部屋で四人の弟の相手をしたりして過ごし、学校の授業の様子や行事の日程は、親友に教えてもらっていた。無国籍でも学校に行ける、そのことを両親も知らずにいた。荘保さんが、学校に掛け合い、女の子は小学校へは五年生から通い始めた。それから戸籍が取れるように、母親の配偶者を探して話をつけ、生まれた病院や家庭裁判所に通い、高校入学直前になってようやく戸籍を取得することができたと、新聞記事にも記載されていた。

可視化すること…こどもは一緒に遊ぶことで、初めて少しずつ心を開き出し、言えないでいる家庭の事実が言葉の端から見える時がある。だが、もっともっと重たい事実の中では、その真相は見えてこない。女の子は、その後も追い討ちをかけるような事実に出くわしていく。両親が蒸発し、高校三年生の時に兄弟がばらばらに施設入所することになったが、それを拒んだ。荘保さんは後見人となり支援し、その女の子は生活保護をもらいながら、卒業後、就職しながら弟たちを養った。だが、児童教育の勉強がしたい夢を持った女の子は進学を望んだ。市のケースワーカーは「国からお金をもらっているのに」と冷たく突き放した。荘保さんたちはカンパを集めて支援し続け、女の子は、その支援を受けて短大に通うことができ教員免許も取得できた。

荘保さんが出会った様々なこどもたちとのエピソードを聞いていくうちに、「遊ぶ」という言葉の意味が深く伝わってきた。

映像の中でも、こどもたちの遊ぶ姿が映し出されていたが、はちゃめちゃなように見えた。だが大人たちは、それを止めようとはしない。そうして関わって遊ぶ中でこどもは他の子のことも知り、怪我もしないように遊ぶことを荘保さんたちは理解していた。だから「遊ぶことは大事なんだ」と私たちに話す。

「社会の中ではみ出してしか生きていけない『生きにくさ』を抱えた人たちが、釜ヶ崎には集まってきます。誰にも相手にされなかったからこそ、そこに生きる人々はたくましく、しんどい中で生きている仲間を『見合い』『声かけ』『見守り』『支え合い』という繋がりが生まれてくるんです。貧困の中で虐待は生まれ、生活困難も蓄積されていきます。親たちはそうした状況下で、生きていることにしんどさを感じる。そしてそのしんどさを、こどもたちは『生きにくさ』として抱えて生きていくんです。生まれてくる家庭も環境も選べない。ならば、その子たちを守り、育てる責任と義務は社会にあるんですね。そのためには、何度失敗してもやり直せるという人権感覚を身につけることが、何より大切になってくるんです」

こどもたちを取り巻く「貧困」や「生きにくさ」という事実を目の前にして、「何度失敗してもやり直せるという人権感覚を身につけることが、何より大切」という言葉に、私はまるで自分のことのように釘付けになって聞き入っていた。

三　こどもの「命」をど真ん中に

荘保さんは、この講演の中で、「こどもの命をど真ん中におく」という言葉を何度も話された。私は、この言葉にハッとした。このことが今までの私の苦しみをいっぺんに溶かしてくれたようで、涙が溢れてきた。これまで疑問に思ってきたこと、漠然と私の肩にのしかかり、絡み合ったようにして存在し続けていた、こどもの「生きにくさ」の正体。そのことを見事に、荘保さんは語り尽くしてくださった。こどもに何があっても、どんな状況に置かれていても、そのこどもの命をど真ん中におくという、荘保さんの言葉に全てがあった。そういう風に、荘保さんは、こどもと向き合ってこられたのだった。

そうか、だからか、映画の中で、様々な局面で苦しんでいたこどもたちが、一つ自分で人生を切り開いた時に幸福感でいっぱいになり笑顔が溢れていたのはと、そのシーンを思い出した。私は、こどもの里にいるこどもたちに出会いに行きたいと思うようになった。七月に入ってから、自転車に乗ってこどもの里に向かった。まだ、こどもはいない時間。スタッフの人に里の施設内を案内してもらったが、いつか必ず、こどものいる時にその「暮らし」を実感したい思いに駆られた。

二〇一八年八月十三日、地元に住んでいた友人と一緒に釜ヶ崎の夏まつりに出かける機会がやって来て、友人と共にこどもの里へも足を運んだ。その日はこどもの里も夏まつりに露店を出すため忙しくされている中、少しの間、店の手伝いをしながらお邪魔することになった。気負っていた私とは違い、友人は、久しぶりに訪ねる自分の故郷に入ると嬉しそうに案内してくれた。

まずは、夏まつりで歌うミュージシャンを見に行くことになった。

それから夕方になると、三角公園には色々な露店が並び、賑やかさが増していった。こどもの里は入口近くで、コリントゲーム、コイン落とし、ヨーヨー釣り、かき氷、唐揚げ、ポテトフライと盛りだくさんの店を並べ出した。大人たちやおっちゃんたちがたくさん行き来する三角公園に、こどもたちは大人に混じってやって来てゲームを始めた。コリントゲームに集まってくる子たちは、ほとんどが里に通うこどもたちだった。繰り返し、十円玉を握りしめてゲームを楽しんでいる。

スタッフに混じって私も手伝う。誰がスタッフで誰が保護者か、それもわからないまま手伝っていると、荘保さんも薄暗くなる頃にやって来て、唐揚げを揚げ始めた。どのスタッフも入れ替わりながら生き生きと動いている。この関わりの心地よさはどこから来るのだろう。スタッフの手が増え休憩していると、映画『里にきたらええやん』を作った重江良樹さんも店を手伝っていたようで、休憩にやって来て話す機会が巡ってきた。

映画を見ての色々、聞きたかったことをぼんやりと縁日の様子を見ながら枠に腰かけて聞いてみた。

「映画見てね、里のこどもたちに会いたいって思って来たんやけど。ここはええね。こどもも大人も、自分のありのまんまでいるから。なんか気持ちよう過ごせるね」

「僕も、初めて来た時にそう思いました。そしてずるずるとここに来るようになったんです」

「なんで映画を撮ろうと思ったん」

「うーん…なんでかなあ…」重江さんはそう言って宙を見つめながら、

「里が好きなんです。里のこどもがええなあって思って。ただそれだけです。強いて言えば、ここにしかないもの、それを映画にして他の人に知らせたかった」

「映画撮る時、一番大事にしたことはどんなこと」

「初めは撮るだけで精一杯やってんけど…、でもそうして撮っているのが面白くて。二年間撮り続けているうちに、だんだんああなっていったんです」

そう言って、静かに微笑んだ。

重江さんの言う「ここにしかないもの」は、映画の中にしっかり息づいていた。

「映画を見せてあげたい人がいるねんけど、DVDとかは」

「DVDはないんです。見たいと思って、映画館に通って見てもらう、そういうことを大事にしたいんです」

里の活動を知らせたいという思いは強くあるが、DVDでは意味が違ってくるという。

「映画は、自分で足を運んで、お金を払って見ることにも意味があるんです」

釜ケ崎に来てよかった。こどもの里のこどもたちや、そこで過ごしているスタッフ、保護者の方と肌で触れ合って初めて理解できるものがあった。この緩くて、こどもがありのまんま過ごす中にいる心地よさは、人として愛情で繋がっている心地よさだ。短い時間だったが、そういうことを、私も三角公園で体感した。必死に自分で生きてきたおっちゃんたちから醸し出されてくる温もりなのか、こどもたちの「命」を思う、荘保さんはじめスタッフの人たちの、その中で作り出してきたものからくる温もりなのか。私はここで何よりも尊いものに出会うことができた。

以前、映画を見た会場でもらった資料の中に、その意を伝える言葉があったので引用する。

社会では、『自己責任』『受益者負担』という言葉が溢れ、貧困の中にいる親と子を責める。だから人と関わることを避け、ＳＯＳが出せないでいる。

こどもたちは生まれてくる環境、家庭を選べない。しんどさを背負わされて生きている子に責任はない。生きる権利の平等を。ならば、そのこどもたちを守り、育てる責任と義務は社会にある。離婚や貧困はどの地域でも珍しくない。学校では、なじめない子、外国人の子、新しい「父」と合わない子、精神疾患やギャンブル依存症を抱えこどもの世話ができない親の元で生きる子、薬物や性暴力など、自分の親から逃げてくる子、借金や暴力から逃げてくる子、いろいろな境遇のこどもたちに『居場所』を作る必要性は明白である。しんどさを抱えた子が必要としている支援は、行政の制度に合わせて『障がい』『貧困』などと区分けできるものではない。多様な問題を抱えた子が支え合う居場所を無くせば、こどもたちは『社会から排除された』と感じ必要な助けも求められなくなる。

私はこの文章を読んでいるうちに気付いた。「必要な助けも求められなくなる」という意味に。そうなんだ、「生きにくさ」を背負っているこどもたちの多くは、どうしていいのかさえ、声に出せないでいる。そして、そのことに大人たちは気付かず、スルーしてしまう。行政は、形式ばかりを重んじて保育園に指針を出し、一度死亡事故が出るとそれが起こらないようにと、「規制」を厳しくかけてくる。そしてマニュアルを作って、規則で保育現場をがんじがらめにした。大阪市内の公立保育所では、昼の給食のおかわりもなくなってしまったと聞く。アレルギーを持つ児童の給食の誤食をなくすために食器や場所を限定し、そして、ひどくなるとお弁当持参にまで話は逆行していっている。それも、「命」を守ることだという。

確かにそれで命を守ることはできるかもしれない。しかし、その規則の中で、こどもが自由に生きる権利は奪われていく。ここに「生きにくさ」を覆い隠す仕組みが備わっている。現場の保育者は、そのことに抗っても、「規則」でできなくなり、自分たちの保育を閉塞させていっていた。保育士不足の根底には待遇面での問題も大きくのしかかっているが、それ以上に保育者の保育に対する絶望もあると、私は実感している。

虐待事件が後を絶たないのも、こどもの「生きにくさ」が、そうして広がっていくのも、「居場所がない」現実の中で起きてきている。目に見えない理想の親像に自分を追い込み、そのことによってこどもを締め上げていくありようも、そんな風に、親たち自身も「生きにくさ」を抱えて社会の中で孤立化することによって、実は生み出されてきたのではないだろうか。その現状をしっかり捉えて、こどもの「居場所」を作っていくことが、今、何よりも早急に求められている。

以前取材で訪れた時に、里のスタッフが呟いた言葉が響いてくる。

「里に来る子は、まだいいんです。支え合いを知っているから。でも、ここの地域を離れたところでやったら、もっとこどもは生きにくくなっているのとちゃいますか」

こどもたちの目に見えない心の叫びは、可視化できない中ではますます深刻化していく。

西成区釜ヶ崎にある「こどもの里」との出会いに、大きく自分の人生の変化を見つけた。「生きにくさ」がどこから来るのか、そのことの本質が理解できた喜びに私は歓喜した。

「困った時は、いつでも里に来たらええやん」と、貧困に抗い、こどもの命をど真ん中に据えて向き合う。そして、様々な形で知恵を出し合い、見守り合う姿を大阪の地で見つけると、「大阪で生きていくこともまんざらではないやん」と思えるようになっていた。見つけられないでいたこどもたちの「生きにくさ」の正体がわかり、大阪で生きていくということ、貧困の中で少しでもこどもたちの居場所が増えていき、たくさんの明かりが灯されていくことを、今、願ってやまない。

終わりに

保育について書きたいこと――

それは、保育現場で働いている時にはたくさんあったはずで、こどもに対する理不尽なことに怒り、仕事を終えてから夜な夜な描き続けていただけに、早く仕事を辞めて書くことに専念したいと思う気持ちが増していった。文学学校に通ううち、心のどこかに作家になりたいという夢も抱くようになっていき、十八歳から働き出した私は、四十年働いてきたことを区切りとして保育現場を後にした。

四十年といっても、実際には育児休暇で半年休み、病気休暇で三ヵ月と、休んだ日々を数えていけば微妙な年数だが、それでも私にとっては、この四十年は大きな節目であり区切りと言えた。辞めてからの生活設計も考えなしのまま、私は原稿と向き合えることに喜び勇んで、今までの保育現場での事実を書き上げたい一心でいた。それなのに、仕事を辞めてからの実際はというと、何を書いたらいいのかわからなくなっていく。

人生、そんなに甘いものではない。書くことそのものがいくら楽しくても、それがすぐに本になるわけではなく、原稿が生み出されるまでには苦悩が続いた。一体、保育の何が書きたいのか、なぜ取材に行ったのかと、書く段になると、まるで砂漠の中にいるみたいで、ことの本質が見えて来ず、じっと思いを張り巡らせ原稿と向き合って過ごす日々が続いた。

ノンフィクションとはどういうことか、それもわからないままにノンフィクションを書こうとしている私。そんな、無謀で考えなしの自分と向き合っていくうちに、心に引っかかり続けていたこどもの「生きにくさ」について、焦点を当てて見ていくようになっていった。なぜ虐待が起きるのか、なぜこどもが「生きにくさ」を抱えるのか。保育現場で私も含めて保育者がなぜ働くこと自体に追い詰められていくのかとも考えた。だが、そのことを考えてもなぜそうなるのかは、なかなか見えてこない。取材を終えてから、時間はどんどん経過していくのに、いつまで経っても見えてこないでいることに焦燥した。

ある日、ふと書き続けてわかったことがある。

もう原稿を書き上げるのをやめようかと逡巡していた時、「諦めたくない」という気持ちでいっぱいになった。暗礁に乗り上げても原稿と向き合ってこられたのは、その中で生き続けるこどもを取り巻く事実があったからだ。まだわかっていない事実を知りたいという思いだった。取材に出かけて出会ってきた人々の様子を何回も書き直し続けていると、それらの人々の中にある事実が表面から吹き出して、どんどん膨らんでいった。ようやっと物語の芯の部分が見え出し、登場する人の思いが事実を突いて溢れ出した。保育の中で出会ってきた様々なこどもたちが出すシグナルや、そこにある「生きにくさ」が動き出した。それらは様々なことを私に語り始めた。

「第一章　はるくんのこと」が生まれる。

はるくんを書くことで、少しでもこの社会でこどもの「居場所」のことが伝わらないかと考えるようになり、事実を何度も視点を変えて書き出していった。まだその段階では、「生きにくさ」の焦点がどこにあるのかよくわからないままでいた。今まで出会ってきたこどもたちの姿を思い浮かべ、声にならないはるくんの姿をくっきりと再現することで、こどもがどんな場面であったら生き生きと過ごすことができるのかを書こうとしていた。覚悟を決めて保育をしているはずだったのに、だんだん保育の中で疲弊し本来の「保育の夢」そのものを見失っている私を見つけるのには、相当時間がかかってしまった。

取材を通して様々な人たちのこどもと向き合う覚悟に出会うと、自分が成し得ていないことがよく見えてくる。その中で、私は自分と取材先との保育を対比することで、こどもの「生きにくさ」を探るようになっていった。そうして出会った「こどもの命を真ん中におく」という言葉。その言葉が私を捉え、原稿を書き直す中で大きな意味を成していった。

こどもの「生きにくさ」が隅っこに置かれたり、声なき場所に追いやられたりしていては、到底、その問題は解決していかない。その事実に出会った時、私はようやっと自分の保育現場での終着点を見つけたように思った。

四月から八月にかけては図書館に通う日々が続き、今までになく本を読む時間に恵まれた。保育現場にいる時は、読書する気にもなれなかった。それだけに現実のドラマが心に深く入り込んでいたと言える。原稿と向き合っている間に私は、「保育論」を書いているのかというチューターの指摘に、また心を悩ませていく。

堀さんの広島取材旅行に同伴することに巡り会い、取材の意味や原稿との向き合い方も違う角度から見ていこうとした。折しもその日は七月六日。新幹線や在来線が止まる中で、私たち二人は広島県を訪れることだけを考えていた。あの、七月に襲った西日本集中豪雨の中でのこと。幸いにも私たちはその様子を目の当たりにして豪雨の恐ろしさを体験しながらも、無事に八日には大阪に帰還することができた。七日の夜には雨は止んだが、その後に西日本一帯に甚大な被害が起きたことは既知のことであり、広島市安芸区矢野も当時被災し、矢野川が氾濫した事実を大阪に戻ってから知った。

ＳＮＳで映し出されたその様子に心を痛めた。六月に取材したひだまり保育園も流される寸前までいったと知り心配したが、辛うじて被害を免れた。だが檀上さんはそれだけでは終わらなかった。難を転じ、災害避難物資の供給をＳＮＳを通じて呼びかけ、矢野の復興に向けて取り組む人たちのこどもを預かり支援する取り組みを始めていった。その迅速で適切な行動を知り、取材で見た里山保育の様子とこどもたちに想いを馳せた。広島の人の優しさに触れたあの時間を思い返す。「今、私にできることは、原稿を書き上げること」と言い聞かせて、矢野の様子を生き生きと描くことが、きっと、檀上さんが続けてこられている取り組みにも繋がっていくのでは、と信じて原稿に向かい続けていった。

今度は、辺見さんたちの動きにも目が離せなくなっていく。現場では、日々こどもたちと共に生き、保育は進んでいく。そこにこどもたちの「居場所」があり、希望の火が灯されていく。私は何がなんでも描きたい、いや、書かねばと思った。

そんな中で支えてくれたのは、株式会社立保育園で出会ってきた、苦楽を共にした職員たちの思いだった。そして、大阪文学学校のチューターである音谷健郎さんと学友の堀さんの助言。いつも暗礁に乗り上げそうになる私を叱咤激励して支えてくださった。

原稿を書こうと思うようになったきっかけには、高校の先輩でいらっしゃる汐見稔幸さんの著書があった。汐見さんの本を読むと私自身が希望を持ち続けることができ、保育とは人間の生業だと知り、自分がどう生きていこうとしているのか、そのことが何よりも大切だと言われているように感じた。その著書の言葉に、書こうとしている原風景を見つけることができ、汐見さんに会うために山梨県の八ヶ岳の南山麓まで出かけていった。また、昨年の釜ヶ崎の夏まつりで旧知の友人の李さんと見たおっちゃんたちの姿が、今になっても蘇ってくる。『釜ヶ崎人情』の歌を聴くおっちゃんたちは、そこに自分の人生を重ね合わせていた。

初めて本にしようとした、この原稿は、まだまだ私のこれからのスタートにすぎない。いつか、おっちゃんたちが『釜ヶ崎人情』に思いを重ねるように、私も自分の書いた原稿に読者が思いを重ねて読んでもらえる日が来ることを夢見て、これからもこどもたちの姿を描き続けて生きていきたいと思う。

あとがき

原稿が出版になると決まった四月の終わり、風詠社の大杉さんから「イラストや挿絵を入れることでより魅力的な本になるかと、ぜひお考えいただければ」と言っていただき、画家の降矢ななさんの絵を思い浮かべた。確か、冬の頃、内田麟太郎さんと降矢さんのやりとりがフェイスブック上であり、「ともだちやシリーズ」のきつねの絵を掲載されていたのを思い出した。

題名は「Ｈｕｇ！」

初めての本の出版に、絵本作家のお二人に当たって砕けろ式でお願いし、この挿絵を使用させていただくことができた時、内心、こどものように飛び上がって喜んだ。

かつて保育の中で、こどもたちに何かを届けたい時、私は、絵本館や絵本屋さんに出かけて絵本を手に取り出会っていった。その選んだ絵本を手にしてこどもたちの前に座る時、どんな表情でこどもたちはこのお話を受け止めるのだろうと、いつもワクワクしていた。
保育をする上で、絵本はこどもたちとの繋がりの媒体となって、私の夢も一緒に運んでくれた。実は、こどもたちと過ごす中で、私自身が絵本からたくさんの夢やドラマで愛をもらってきていたのだった。私の絵本の書棚に、降矢さんの絵が溢れている。そんな降矢さんの作品を、この初版の『はっぱが　きらきらしているよ』に採用させていただけることになったのは本望であり、とても嬉しい出来事であった。スロヴァキアという離れた地に住みながら、遠く離れたところで私たちに絵を届けてくださる降矢ななさん、所有権を持ちながら、快く承諾してくださった内田麟太郎さんに対して、ここに感謝の意を表します。

二〇一九年八月九日
山名　萌絵

山名　萌絵（やまな　もえ）

1960年3月　大阪市生野区に生まれる。
中学生の頃、音楽家　林光（1931-2012）氏と出会い自由な生き方に憧れを持つ。天王寺高校に進学し、卒業後は電話オペレータの職に就き、労組活動、音楽活動にも携わる。その活動を通して保育運動と出会い、保育士資格を取得し、転職する。こどもの出会いを描いているうちに大阪文学学校を知り入学。
2015年、作品「転職風景」で大阪文学学校賞を受賞し、現在もノンフィクションクラスで「物書き」の修業中である。

はっぱが きらきらしているよ ―こどもの「生きにくさ」とは―

2019年12月21日　第1刷発行

著　者　山名萌絵
発行人　大杉　剛
発行所　株式会社 風詠社
〒553-0001　大阪市福島区海老江5-2-2
大拓ビル5-7階
TEL 06（6136）8657　http://fueisha.com/
発売元　株式会社 星雲社
〒112-0005　東京都文京区水道1-3-30
TEL 03（3868）3275
装幀　2DAY
印刷・製本　シナノ印刷株式会社

ISBN978-4-434-26522-8 C0037